「8050問題」「親亡きあと」
その解決のために

個別サポート付き障がい者向け住宅という選択

紀 林
Kino Hayashi

サンルクス

はじめに

障がいがあっても、安心して暮らしたい。
この本を手に取ってくださった方は、きっと、そのような暮らしができる住まいを切実に求めていらっしゃるのではないでしょうか。

「親元を離れて暮らしたいが、一人だと生活していけるかどうか心配」
「病院を退院したいけれど、入居先が見つからず退院できない」
「年を取って、自宅で障がいのある子どもの面倒を見るのが辛くなってきた」

事情や困りごとは人それぞれだと思いますが、障がいがあり一人で暮らすことが難しい方たちでも、自分が暮らしたい地域で、自立した生活を送れるように支援する障害福祉サービスを国が推進しているのをご存じでしょうか。

一般的には〝障がい者グループホーム〟と呼ばれています。正式名は「共同生活援助」で、空き家になった一戸建てやアパートの空室などを活用し、そこで共同生活する障がい者の方たちを、公的な給付金を利用してスタッフが援助するしくみです。

私は、起業から1年後に定員7名の障がい者グループホームを開業しました。現在はそれが、10数拠点、定員70名になりました。事業としては成長してきましたが、この間にはいろいろなことがありました。

様々な利用者さんやそのご家族の方々と、日々、暮らしをともにするなかで、多くの気づきとともに想定外の問題もたくさん起こりました。その度にスタッフと一緒に頭をひねり、なんとか解決策を模索してきました。

実は私の前職は福祉とは関係のないアミューズメント系企業の会社員でした。自分の家族のことを考え、定年がきても働き続けられるようにと、いつしか自分でも事業を始めるようになりました。

そんななかで、社会の課題を解決しながら、明確なニーズをつかんでいける福祉事業が長期安定すると判断し、なかでも人が生きていくうえで必要不可欠な〝住まい〟に特化した障がい者グループホーム事業者になることにしました。前述のようにまったくの門外漢だったため、福祉事業専門のフランチャイズに加盟しましたが、現実は、基本的な知識や法律、許認可を取るための要件を押さえるだけではまったく足りない、毎日のように新たな問題解決が必要な世界でした。

そんな日々を過ごすうちに、私はあることに気がつきました。それは、「利用者さんの困りごとをどうすれば解決できるのか素早く考え、すぐに対応する」をルーティンとすることの有効性でした。完璧な正解ではないかもしれないが、そうすることで、利用者さんやご家族の方に安心感や満足感をより感じていただくことができるようになったと思えたのです。

この本には、そのくり返しのなかから得た気づきや知恵のようなものをわかりやすくまとめてみました。グループホームでの暮らしについて、もっと知りたいと思われている障がい者の方やそのご家族。各地域の相談支援専門員さん、病院のケースワーカーさん、地域包括支援センターや特別支援学校関係者の方々。また、これから障がい者グループホームを運営したいと思っている方たちや、その方たちと協同する立場の行政や金融機関の方々にも、きっとお役に立てるだろうと思います。

そもそも、日本は人口あたりの精神科病院や精神科病床の数が諸外国に較べて非常に多く、平均在院日数も圧倒的に長いのです。これは、過去に国が精神障がいのある方を一般社会から隔離して、病院や入所施設に長期間収容することを施策としてきたことが根本的な原因です。

しかも、医療的な処置は終わっているにもかかわらず、退院後の受け入れ先がないために「社会的入院」を余儀なくされている方たちが、いまも数多くいらっしゃいます。

また、日本には認定されているだけでも、精神障がいのある方が約４２０万人、知的障がいのある方が約１１０万人、身体障がいのある方が約４４０万人いらっしゃいます。合計すると約９７０万人で、介護が必要と認定されている高齢者の約６５０万人を大きく上回ります。そして、そのうちの多くの方が親御さんと同居しているといわれています。

親子がともに年を取り、80代の親御さんが50代の障がいのある子どもさんの面倒を見なければならない「８０５０問題」、親御さんが亡くなると子どもさんが住まいや生活の術を失ってしまう「親亡きあと」がまさに待ったなしの課題です。

国はこういった問題を解決するため、「障害者総合支援法」という法律を制定し、障がいのある方たちが自分で選んだ地域で必要な障害福祉サービスを受けながら、自立して暮らすことができるような社会をつくろうとしています。障がい者グループホーム（共同生活援助）は、その中心となるしくみです。

インターネットで、「にも包括」と検索すると厚生労働省のサイトをはじめ、たくさんの地域包括ケアに関する情報がヒットします。市町村ごとに社会福祉法人や介護事業者が連携して活動している介護福祉サービスに障害福祉サービスがプラスされた地域社会をイメージしていただくとわかりやすいかと思います。

ただ、残念なことに、障がい者グループホームを必要とされている障がい者の方々やそのご家族に、いま現在、わかりやすい情報が充分に伝わっているとは思えません。障がいの程度にかかわらず、誰もが安心して自分らしく暮らすことができるよう、この本が少しでもお役に立つことを願っています。

紀《きの》 林《はやし》

もくじ

第2章 現場を支え合う人としくみのつくり方

第3章
「8050問題」「親亡きあと」の受け皿になる

第4章
つながり、支え合う地域に変えていくには

COLUMN

第1章

サービス業の当たり前を福祉事業に生かす

1―①

利用者さんを、そのまま受け入れる

障がいを単純に線引きしない

私は障がい者グループホームを開業するまでは、福祉の仕事の経験もなく、障がいのある方との接点もありませんでした。福祉事業や障がいに関する常識はほぼ知らない人間だったのです。

それもあって、開業前に運営方針を決めるとき、「困っている方なら、まずは受け入れる」ことを基本的なスタンスとしました。

グループホームには国の制度で定められた、管理者、サービス管理責任者、世話人、生活支援員、夜間従事者と呼ばれる人員が配置されています。ふつうは、このうちのサービス管理責任者が利用を希望される方を、まずアセスメント(※1)して必要な支援内容の検討を行い、受け入れ可能かどうかを判断するという流れになっています。

どういう障がいで、どのくらいの支援が必要な人がグループホームに入居できるのかとよく訊かれるのですが、障害福祉サービス受給者証(※2)に記載されている障害支援区分(※3)の違いで利用をお断りすることはありません。ですから、障がいが軽度の「区分2」だから受け入れる、重度の「区分4」では受け入れないという判断はしませんし、そもそも、私たちは障がいに対して単純な線引きはしていません。

統合失調症、知的障がい、身体障がい、うつ病、発達障がいなど、様々な病気や障がいを抱えている方が相談にいらっしゃいます。ご相談いただいたすべての方とお会いして、希望される生活や心配ごとなどを伺い、いったん持ち帰ってスタッフみんなで考えます。そして、受け入れることを前提に、現場のオペレーションを見直したり、スタッフの配置時間を確認したうえで、支援の方向を固めます。それをご本人やご家族にフィードバックして、入居するかどうかを最終的に決めていただきます。

グループホームでの生活には不安もあるかと思います。「入居するまでにできるようになっていたほうがいいことはありますか」とお尋ねになる方も多いのですが、私は「そのままで大丈夫ですので、心配しないで来てください」とお返しします。いま、そうお答えできるのは、数々の挑戦や困難を乗り越えて、現場の支援力が上がったからでもあります。

支援スタッフを何人も退職に追い込んだ利用者さん

グループホームに入居した利用者さんは、慣れるまでは不安定になって荒れる方もいらっしゃいます。過去には、退去してもらう必要があるのではないかと頭を悩ませた難しい利用者さんもいました。

開業して、しばらくした頃のことでした。スタッフが急にどんどん辞めていくようになりました。事情をよく聞いてみると、利用者のTさんが「社長にはいうなよ」と口止めをしてはスタッフにお金をせびったり、生活ルールを破ったりしていたのです。精神状態が悪くなると、スタッフに対して自分の小間使いのように命令をすることもありました。

悪知恵を働かせ、人を騙《だま》すこともありました。Tさんは他の部屋の利用者さんともトラブルを起こし、人間関係も壊していました。新しく入居した利用者さんも退去してしまいました。ただ、管理者にはいい顔をするので、問題が起きていることになかなか気付けなかったのです。

実はそのトラブルを起こしたTさんは、いまも同じ私たちのグループホームで暮らしています。しかも、いまではかつてのように荒れることもなく、平穏に生活されています。

どのようにして状況を改善させることができたのかといえば、まず、そのTさんの性格をつかむことから始めました。Tさんは、気に障ることが特段なければ、自分の部屋で静かに過ごす方でした。ところが何か気に入らないことがあると火がついたように荒れて、他人に嫌がらせをすることがわかりました。つぎに、Tさんにとって気に障ることは何なのか、それを現場のスタッフが見極め、全員で共有しました。

利用者さんはそのまま、スタッフが変わる

Tさんは「そのままでOK」として、スタッフがどう変わっていけばいいのかを探っていったのです。Tさんを諭したり変えようとしたりせずにそのまま受け入れると問題行動は減り、スタッフや他の利用者さんへの嫌がらせもなくなりました。この利用者さんをよくご存じの市役所の障害福祉課の方にこのことを伝えると、Tさんがグループホームに定着したのは初めてだと驚いていました。

最初は対応できずに苦労が絶えませんでしたが、スタッフがギリギリのところで踏ん張ってくれ、結果として「利用者さんをそのまま受け入れる」という姿勢が培われ、会社全体の支援力の向上にもつながりました。

もちろん、こういったトラブルの背景にはご本人の病状が悪化していて、入院が必要なケースもあるのですが、Tさんの場合はそのような状況ではありませんでした。もし、あのときに諦めていたら退去していただくしか方法はなく、その後、Tさんがどうなっていたのかと思うと胸が痛みます。

私は、このような経験から、諦めなければ状況は変えることができるとの確信を持ちました。こちらがどう変われば、利用者さんが生活を続けていくことができるのか、難しいと思う局面でも、それを見つけていくことがこの事業の根幹の一つなのだと学びました。これは、私が福祉事業の常識に疎かったからこそ、障がいという先入観にとらわれず、まっすぐに利用者さんと向き合い続けることで得た大きな気づきだと思っています。

（※1）利用希望者が日常生活でできること、できないことを調査し、ご本人やご家族が望む暮らしや要望を吸い上げること

（※2）障害福祉サービスの利用に必要な証明書。住所地の市町村に利用申請して取得する

（※3）障害福祉サービスの給付金の単価を障害の種類や程度によって、全国どこでも公平かつ平等に決めるための目安

1―② 障がい者グループホームを利用するには

障害福祉サービスの利用申請が必要

問題行動が激しかった利用者さんに退去していただくことなく、事態は収まりました。それは、支援スタッフ全員が自分の考え方や行動を変えることによって、利用者さんをそのままで受け入れることが可能になり、結果的にそれが支援力の向上につながったからでした。

しかし、もう一つ。グループホームの運営にサービス業の視点を生かすことができるようになったのも、大きな理由となりました。それについては後で詳しくお話ししますが、ここではグループホームの利用の仕方について説明したいと思います。

グループホーム（共同生活援助）は障害者総合支援法という法律にもとづいて運用されている障害福祉サービスの一つなので、グループホームを利用したい方は、お住まいの市町村の障害福祉課などに障害福祉サービスの利用申請をする必要があります。

利用申請は基本、個人で行いますが、申請するとつぎに、市町村がサービスの支給量を決めて、受給者証を交付するための参考とするサービス等利用計画案という書類を提出します。

サービス等利用計画案は、相談支援専門員さ

■ 受給者証が交付されるまで ■

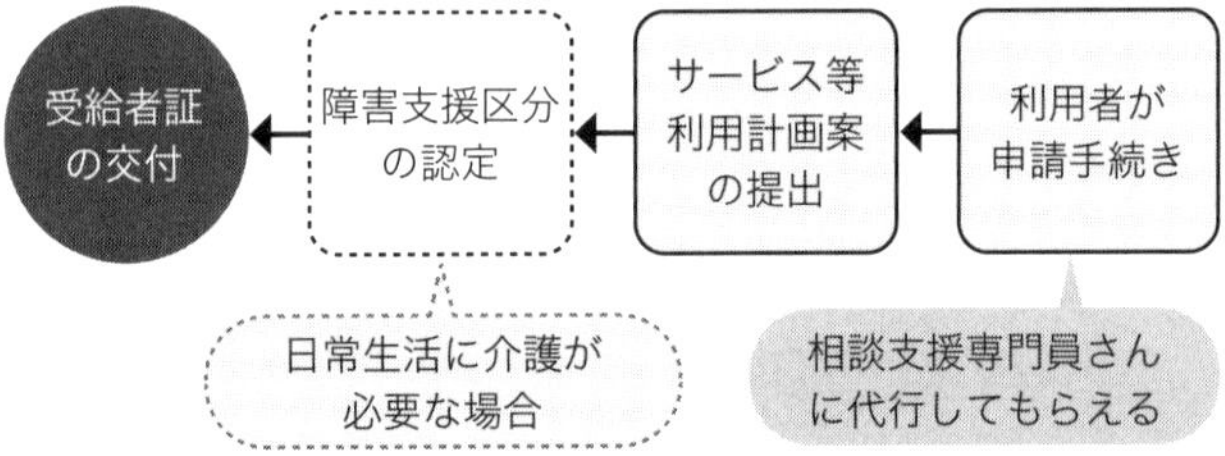

んに作成してもらうのですが、そもそも障がいにより自分で申請が難しい場合には、利用申請自体を代理でも行えるので、グループホームの利用を考えたら、まずは相談支援事業所に相談しましょう。相談や利用申請の代行、サービス等利用計画案の作成などは無料です。

相談支援専門員さんは、介護福祉サービスでいえばケアマネジャーに当たります。グループホームに入居している間は利用者さんの担当者となり、モニタリング（※1）によって利用者さんが望まれる生活ができているか把握したり、継続的に支援を受けられるようにするのがその役割です。

相談支援専門員さんはグループホームを利用する方にとって非常に重要な存在なのですが、残念ながら利用希望者の数に対して、相談支援専門員さんの数が全国的に足りていません。一人で100人以上の利用者さんを抱えている方も珍しくなく、もう新たに利用者さんを受け持つことのできない相談支援事業所も多いのです。

担当の相談支援専門員さんを決める

相談支援事業所の住所地は、現在のお住まいの市町村と同じでなくとも構いません。ネットで近くの相談支援事業所を調べるか、周辺の市町村の障害福祉課や社会福祉課に行き、近くの相談支援事業所の情報をもらって、いくつかの相談支援事業所を回り、担当の相談支援専門員さんをつけてくれる事業所でお願いをするのが現実的な選択肢だと思います。

相談支援事業所には、地域相談支援を業務とする一般相談支援事業所もあるので、必ず、計画相談支援（サービス等利用計画の作成）ができる特定相談支援事業所を探してください。

■ 相談支援事業所には２種類ある ■

また、お住まいの地域から遠方にあるグループホームの利用を希望される場合、私が実際に体験した神奈川県横須賀市に住まわれていた利用者さんの事例ですが、横須賀市の相談支援専門員さんが茨城県牛久市の相談専門支援員さんに利用者さんの情報を引き継ぎ、担当も変えたうえで、私たちのグループホームの利用を開始できたケースもありました。

どこの相談支援事業所でも対応していただける方法とはいえませんが、地域的な制限やルール上の問題はないので、可能性はあるということをお伝えしておきます。

サービス等利用計画案から個別支援計画へ

相談支援専門員さんがつくったサービス等利用計画案を市町村の担当窓口に提出して、障害福祉サービスの支給が決定されると、受給者証が交付されます。相談支援専門員さんに受給者証を示すと、つぎにサービス等利用計画を作成してくれます。できあがったら、ご自分が入居したいグループホームに受給者証とサービス等利用計画を提示して、入居の申し込みをします。

グループホーム側は利用者さんに直接お話を伺って受け入れが決まったら、担当者会議を開き、サービス等利用計画の内容、ご病気や現在の状況、ご希望の生活、支援スタッフの状況などを検討したうえで、サービス管理責任者が個別支援計画(※2)をプランニングします。この個別支援計画を利用者さんご本人や親御さんなどご家族、相談支

■ 受給者証が交付されてから入居までの流れ ■

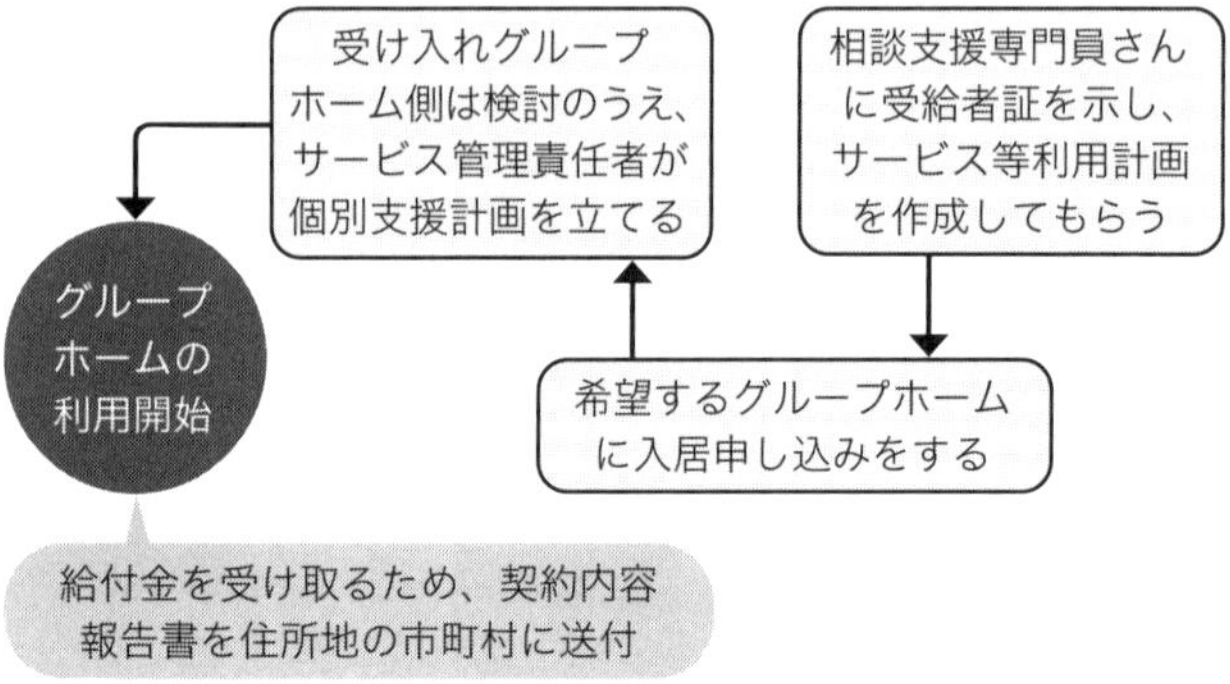
相談支援専門員さんに受給者証を示し、サービス等利用計画を作成してもらう
希望するグループホームに入居申し込みをする
受け入れグループホーム側は検討のうえ、サービス管理責任者が個別支援計画を立てる
グループホームの利用開始
給付金を受け取るため、契約内容報告書を住所地の市町村に送付

援専門員さんにご確認いただき、同意いただければ、契約を結んで利用開始となります。

障害福祉サービスを利用するための給付金はグループホームの所在地ではなく、利用者さんの住所地の市町村によって支払われることになっているので、利用開始と同時に、契約内容報告書を住所地の市町村に送付します。

必要な手続きや提出しなければならない書類など、いろいろとありますが、実際の手続きでは、相談支援専門員さんやケースワーカーさん、市町村の担当課の職員さんがそれぞれお手伝いしてくださると思います。

グループホームの利用と区分認定について

グループホームを利用するのに、入浴、排泄、食事などの介護が必要な方には、認定調査員による生活状況や障がいの種類や程度などの調査及び医師の診断をもとに、区分認定という市町村の審査を受けていただく必要があります。その結果が障害支援区分として受給者証に記載されます。
障害支援区分は、全国どこの地域でも平等で公平な障害福祉サービスを利用できるようにするため定められたもので、非該当、軽度の区分1から重度の区分6までの7段階に分けられていて、その区分によって、支給される給付金の単価が決められています。

(※1)相談支援専門員が、グループホーム利用者の入居後、最長6か月ごとに1回は行わなければならない利用計画の実効性を確認するための面接調査
(※2)グループホームのサービス管理責任者がプランニングし、書類作成が義務づけられている利用者ごとの支援サービス計画

1—③ サービス業としての視点をグループホーム事業に生かす

サービスの改善を劇的にスピードアップ

グループホームでは利用者さんの入居後、支援が計画どおり実施できているか、また、利用者さんが望まれた生活を送れているかなどを把握するため、相談支援専門員さんとサービス管理責任者は、最長6か月ごとに1回、それぞれが利用者さんをモニタリング（28P※1参照）して、その報告書を作成することが法律で義務付けられています。モニタリングの結果、問題点や不都合があった場合は、担当者会議を開き、サービス等利用計画や個別支援計画をつくり直します。

前述したように、私の前職はアミューズメント系企業の会社員でした。そこで、サービス業とはなにかということを徹底的に学びました。サービス業の根幹はお客様に喜んでいただくこと、つまり「顧客満足」です。どうしたら、お客様により満足していただけるかを追求し、常に改善してよりよいサービスを提供できるよう努力し続けます。

グループホームのモニタリングのしくみはサービスの改善という点においては正しいと思いますが、サービス業の視点からは、6か月という時間軸も、改善に必要な会議のやり方も、必要な書類を作成するための手順も理にかなっていません。例えば、私たちのグループホームでは、もし、利用者さんに困りごとがあるのがわかった場合には、すぐにスタッフLINEで共有し、LINEの中で改善策について検討が始まります。そして、現場の支援スタッフレベルでの解決が難しい場合には、週1で開かれている各エリアの管理者全員が集まるミーティングで生活ルールやオペレーション変更などを決め、迅速なサービス改善につなげるようにしています。

サービスの質の差が大きいグループホーム

障がい者グループホームは、法人が法律に定められた要件を満たし、指定事業者として都道府県の許認可を受ければ開業することができます。また、運営上の規則も法律に沿ったものですので、どのグループホームも似たり寄ったりだと思われがちです。しかし、法律で定められている要件や運営規則などは必要最低限のことでしかありませんので、実は差別化できる余地がたくさんあります。

サービス業は、サービスを常に改善してよりよいものにしていくという企業努力がなければ生き残れませんが、グループホームの数が入居を希望されている方に対してまったく足りていない現状では、寝床と食事と限られた家事支援だけで運営するような事業者が見受けられるのは残念な限りです。

いま、グループホームを運営する民間企業は増えてきています。まったく福祉とは無関係の事業を展開している企業や個人がフランチャイズ等のしくみを借りて運営していたり、もともと日中活動を支援する福祉事業を運営していた会社が、新たにグループホームを開設したりするケースもあります。入居先を探している方にとっては選択肢が増えるのは望ましいことですが、サービスの質を上げるための努力をせず、漫然と必要最低限の事業を続けているようなグループホームでは、そこに暮らす利用者さんの居心地もよくないだろうと思います。

健全なサービス競争を起こしたい

障がい福祉の業界では、まだサービス競争が起きていません。競争がないということは、業界全体のサービスのレベルがなかなか上がっていかないということです。現状は、グループホームの制度は行政がそれぞれの事業者のサービスのクオリティに対して介入するようなしくみにはなっておらず、この状況をよしとするのは税金を使う側の事業者として、どうなのかなという思いもあります。

「よりよい支援・サービスを提供したい」というマインドを持つ事業者がこの障がい福祉業界にも増えれば、自然に競争が起きて健全化し、利用者さんへの支援のレベルもどんどん上がり、結果として安心して暮らせるグループホームが増えていくのではないかと思っています。そんな変化が起きるのを待ちながら、事業者としていまできることから、サービスの向上を考えています。

マーケティングやブランディングの視点も重要

そもそも、この社会にグループホームという障害福祉サービスがあることに気づき、利用したいと思っていただくには、マーケティングやブランディングの視点も重要だと考えています。例えば、印象に残るようなグループホームのロゴマークやキャラクターを創ったり、私たちの10数か所ある拠点には、それぞれ「〇〇 KARIYA」「〇〇〇 MINAMI」といった開設地の町名をわざわざ英字表記でネーミングを施し、ホームページやパンフレットで紹介しています。

いわゆる障がい者グループホームらしくない違和感のある名前かもしれません。福祉業界に長くいるスタッフからも最初は「わかりにくいんじゃないですか？」といわれていました。けれど、私は利用者さんがグループホームを調べたときに、少し変わった名前にしたほうが、従来のグループホームとは違った印象を受けるのではないかと思ったのです。

利用者さんやご家族のお気持ちを考えると、ホームページの作り方もまったく変わるだろうと思います。例えば、旅行にいくときのホテルや旅館のホームページのように、お部屋の見せ方一つをとっても、写真の撮り方にこだわり、部屋のしつらえも整えて、わかりやすく素敵に見せるようにしました。

私はそういった発想も、障がい福祉の業界にあっていいと思うのです。実際に私たちのホームページを見た方から直接問い合わせをいただくことも増え、このような住まいの選択肢があるということを知っていただくための大切な入口となっています。

1―④ どうしたら一人ひとりの望む暮らしを素早く支援できるか

個別支援計画をバージョンアップした個別サポート

グループホームでは相談支援専門員さんのつくるサービス等利用計画を参考に、サービス管理責任者が利用者さんごとの個別支援計画を作成します。私はグループホームが利用者さんのことを考えてサービスを行う姿勢があるかどうかは、この個別支援計画に表れるとも思っています。

個別支援計画は制度上、必ず作成が必要な書類ですが、利用者さんの支援のためにつくるのではなく、行政への提出書類という認識しかなければ、サービス管理責任者がどの利用者さんにも同じような個別支援計画を機械的に作成することもできてしまいます。個別支援計画が中身のないものであれば、支援スタッフがそれを見たところで利用者さんが望まれる暮らしをかなえる支援などできるはずもありません。また、そもそも寝床と食事と服薬管理程度しかサービス提供できないようなグループホームでは、その個別支援計画も限られた内容になってしまうのは容易に想像できると思います。

私は、均一化された焼き増しのようなグループホームの支援サービスではなく、あくまでこの〝個別支援〟を重視している姿勢を強く打ち出し、他のグループホームとの違いをわかりやすくするために、あえてグループホームではなく、「個別サポート付き障がい者向け住宅（以下、通称であるサポ住と書きます）」と呼び、表記しています。ここでは一般的なグループホームの制度やしくみではなく、私たちの「個別サポート」の考え方や提供させていただいているサービスなどについてお話ししたいと思います。

個別サポートのカギはヒアリングとスタッフミーティング

利用者さんへの個別サポートを行うための準備は入居前から始まっています。それが、利用者さんのアセスメントを行うなかでの入念な事前ヒアリングです。生活に対する意向や課題を正確に把握して、入居後、どこに支援が必要なのかを知るための、とても大切なプロセスです。

ヒアリングでは対話を通して、つぎのような内容をお聞きしています。

- グループホームでは、どんな生活をしたいですか？
- どんなときに体調を崩しやすいですか？
- どんな症状（障がい）がありますか？
- 入院したことはありますか？
- どこの病院に通われていますか？
- お一人で通院できますか？

・グループホームの生活をするうえで不安や心配ごとはありますか？
・ほかの人とのコミュニケーションはどうですか？
・なにかされて嫌なことはありますか？
・いままでになにかトラブルはありますか？

利用者さんが望まれている暮らしを実現するためには、こうした入居前のヒアリングばかりではなく、実際に支援するスタッフによるミーティングが非常に有効です。入居前準備としての担当者会議、そして入居後も1週間に1度の管理者ミーティングを行っているので、モニタリングによる個別支援計画見直しまで待つことなく、利用者さん一人ひとりの望まれる暮らしを早期に実現することでグループホームでの生活に慣れ、定着する利用者さんが増えたと思います。

個別サポートでなければ解決できない課題がある

グループホームを利用したけれど合わなかったという方は、画一的な食事提供や服薬管理といった支援では収まらないところに生活の課題があったというケースが多くあります。

障がいは一人ひとり特性が異なり、抱える生活の課題は千差万別です。だからそれぞれの方に合わせた支援が必要で、それを一緒に考えていくのが私たちの役割です。

誰もが育ってきた環境が異なりますし、生活の仕方が違うのですから、利用者さんによって支援のあり方が変わるのは当然だと考えます。オーダーメイドの支援が個々の方に必要なのです。ご希望や抱える課題に耳を傾け、どうしたら望まれる暮らし方を支援できるか。新しい利用者さんをお迎えするたびに、その観点から担当するスタッフ全員でミーティングを重ね、一から個別サポートを組み立てています。

支援の出発点は、ご本人やご家族が望む暮らしは何かを知るところからであり、こちらの価値観で判断できるものではありません。例えば、自立を目指して部屋の片付け方を身につけたいと望む方もいますし、ごちゃごちゃしているような部屋でも、落ち着くからそのままの状態で生活したいなど、様々な暮らし方の希望や好みがあるということは健常者とまったく同じです。障がいだけでなく、一人ひとりの個性を見つめ、ご本人の立場に立って、それを発見することが個別サポートの原点だと考えています。

1―⑤ できることが増え、小さな自信が積み重なっていく

自立だけがゴールじゃない

私がこの事業を始めた当初は、利用者さんが「自立すること」がゴールだと思っていました。グループホームで支援を受けながら生活をすることで、利用者さんはいずれ「卒業」して、支援を受けずに一人で社会生活を送ることができるようになるというイメージを持っていたのです。

けれど多くの利用者さんと過ごすうちに、何をゴールとするかは人によって違うものなのだと気づきました。いまは、利用者さんがそれぞれのできることを小

さなことでも増やしていくことができれば、それでいいのだと思っています。

確かにサポ住で暮らして、本当に自立して一人暮らしができるようになった方も少数ですがいらっしゃいます。一方、できることが増えた方はたくさんいらっしゃいます。

仕事を始めることができた方、挨拶ができるようになった方、洗濯機を回せるようになった方、公共料金の支払いができるようになった方、規則正しい生活ができるようになった方、明るい笑顔が増えた方……親御さんにやってもらっていたことを自分でできるようになることも、大きな変化です。

どんなに小さなことであっても、できることは増やしていくことができます。そして、ご自身が「〇〇ができるようになった」と実感することが大切なのではないでしょうか。スタッフはどんな小さな変化でも、利用者さんにちゃんと伝えるようにしています。できるようになる、その小さな積み重ねが自信につながると思うのです。

利用者さんができることを少しずつ増やすようサポートをする。これも個別サポートが提供できる大切なサービスの一つです。私は利用者さんが生活に自由を感じながら、自分で選んだ暮らしを楽しむ。そんな暮らし方を守りたいと思っています。

利用者さんを守るための、ゆるやかなルール

サポ住は、障がい者ご本人が暮らし方を選択できる住まいです。あれもダメ、これもダメと利用者さんが選択できないルールで生活に制限をかけてしまえば、それは施設や病院での集団生活と変わりません。

ただ、利用者さんの安全を守ったり、トラブルを防いで互いに気持ちよく生活するためにはゆるやかなルールは必要だと思っています。

事業を始めて1年が経ってから、私はみんなで案を出し合って、試行錯誤しながら「生活ガイドブック」をつくりました。いまはこのガイドブックを入居時に利用者さんにお渡しして、読んでいただいています。

例えば、部屋には火災の危険があるものは持ち込まないこと、トラブルを防ぐためにも利用者さん同士でものを貸し借りしない、共有スペースには私物を置かずに自分の部屋で管理する、家族や友人が遊びに来た場合は、自分の居室で会うようにするといったお約束を載せています。

また、入居者全員で共有するＷｉ‐Ｆｉを利用する場合、一人が長時間の動画視聴やゲームなどのダウンロードをすると、１か月１００ＧＢの容量を超えてしまいます。

そこであらかじめ容量には上限があり、それを超えると通信速度が落ちること、そのため長時間の動画視聴などは控えてもらうようガイドブックに記載して、利用者さんにお願いをしています。

こうした決まりごとも最初はない状態でスタートしましたが、ガイドブックとして利用者さんにあらかじめ知ってもらうことで、小さな生活上のトラブルがずいぶん減っていると感じます。

◇日常で行っている個別サポート

利用者さんへの食事提供や服薬管理といったサービスは、障がい者グループホームで一般的に行われているものに近いと思います。ただ、サポ住では、利用者さん一人ひとりの目指したい生活や必要な支援をふまえて、サービスの内容を個別に変えています。

●食事提供

食事は、希望する方に朝食と夕食の提供を行っています。配食サービスの会社と提携し、日替わりのメニューが決まっており、食費は1食ごとの実費精算で、朝食350円、夕食500円ほどです。事前に伝えてもらえれば、外食をする日の食事をキャンセルすることもできます。

利用者さんには好きな献立を調理してほしいという希望があるとは思うのです

が、料理の上手下手がスタッフの選り好みにもつながってしまうため、誰でもおいしく栄養バランスのよい食事を出せるいまのしくみがよいと考えています。なかには、冷蔵庫に自分用のマヨネーズやケチャップなど好きな調味料を入れて、自分好みに味を変えて楽しんでいる方もいます。

自分で料理をしたい方は共有スペースのキッチンを使って調理できます。キッチンを使うときは支援スタッフの見守りのもとで、調理をしていただきます。一人暮らし型グループホームで生活する利用者さんには、自分の部屋のキッチンで自炊をしている方もいます。その場合には、作ったものを報告してもらい、スタッフはきちんと食事が摂れているか確認をしています。

希望があれば、スタッフが買い物の仕方や調理も教えています。利用者さんのなかには、週1で自炊にトライし、そのほかの日は食事提供のサービスを利用している方もいます。

●服薬管理

薬を飲んでいる方は、体調を安定させるために処方されている薬を飲み忘れないことがとても大切です。しかし、自己管理の場合はご家族が気をつけていても、どうしても飲んだり飲まなかったりと不規則になってしまいがちです。

薬の管理を希望される方には、スタッフが薬をお預かりします。毎食後に服用する薬であれば、食後にその都度スタッフが薬を渡し、目の前で飲んでもらい、記録簿で飲み忘れのないようにチェックをしています。

●金銭管理

障がいの特性から、お金をあるだけ使ってしまうという方もいます。自己管理が難しければ、金銭面でのやりくりをサポートします。お金の入出金を記録する出納帳をつけるなど、利用者さんの希望を聞き、個々の能力を尊重しながら支援しています。

●夜間の支援

それぞれの拠点に夜間の支援スタッフがいます。寝る前に声かけをしたり、戸締まり、火の元の確認、また夜間の見守りを行います。特に夜は精神的に不安定になり、落ち着かなくなる方も多いので、利用者さんにとっては夜勤の人が毎日いて、なにかあれば話を聞いてくれるというのは安心感にもつながっています。

◇イレギュラーな対応も臨機応変に

他にも支援が必要な場面として、病院への同行や行政での手続きなどがあります。これらの中にはグループホームの仕事として最初に想定はしていなかった支援も含まれます。しかし、個々の利用者さんと向き合う中で必要なサポートが見つかった場合には、スタッフと知恵を出し合いながら、支援の幅を広げていけるように努めています。

●通院同行

利用者さんは病院に通院している方もたくさんいます。通院には管理者が同行しますが、利用者さんと一緒に診察室の中まで入り日常の様子を伝えることもあります。これは、利用者さんは自分の体調を言葉でうまく説明できないことがあるためです。こうした一歩踏み込んだサポートができるようになったのは、精神疾患の患者さんを担当していた看護師さんが管理者として入社してくれたことが大きなきっかけとなりました。

正しい薬を処方してもらうには、病院の先生に自分の状態を正確に伝えることがとても大切です。過去には、イライラしたり癇癪《かんしゃく》を起こしていた利用者さんが、管理者から担当医への正確な報告で薬を変えて症状が落ち着いたこともありました。いまでは生活の様子を具体的に伝えて、適切な処方を促すことも当社の重要な個別サポートとなっています。

●日中の支援

日中の活動先が決まっていない方には、利用者さんのやりたいことを伺い、日中の活動サポートを行っています。

事情があって就労先を辞めてしまった利用者さん、あるいは入居時に就労先がなく、就労を希望している利用者さんに対しては、パソコン仕事や農作業、あるいは部品の袋詰めといった軽作業など、様々な支援がある職場（就労支援事業所）と連携していますので、利用者さんにご案内します。パンフレットを一緒に見ながら選んでいただき、実際に見学にも同行し、ご希望に合えば、ご利用に向けて日程調整などのサポートをします。

また、就労が難しい方には、利用者さんの望まれる暮らしに向けて、デイサービスのご利用や地域活動の支援先などを紹介し、生活をコーディネートしていきます。

個別サポートサービスの実例

●行政での手続き

年金の手続きや、受給者証の発行や障害者手帳の更新など、障害福祉サービスの利用にあたっては市役所での手続きが必要になります。お一人で手続きすることが難しい場合には市役所に同行して、役所の方と必要書類を確認したり、必要な書類をそろえるためにご家族と連絡を取ったり、書類への記入箇所を伝えるなどの支援をしています。

この業務には、相談支援専門員さんの役割も一部含まれているのかもしれないのですが、相談支援専門員さんは忙しく、なかなか手が回らないことも多いので、必要があれば、サポートしています。

COLUMN 1

管理優先ではない、自由のある暮らし

「ここの暮らしは自由があっていい」

そういってくれたのは、最初のサポ住を開業して一番に入居した20代のAさんでした。他の障がい者グループホームを利用した経験のあるAさんは、障害区分認定が1と軽度で、日中は就労支援事業所で働いている方でした。サポ住での暮らしをとても気に入ってくれて、自分の部屋の写真を職場の友達にLINEで送って、すすめてくれていました。

Aさんは2年ほど暮らして実家に戻ることになり、退去しましたが、庭に設けた喫煙スペースでのんびりとタバコを吸っていた姿をはっきりと覚えています。

グループホームのなかには厳しいルールで利用者さんを管理するところも少なくないと聞きます。お風呂は何時から何時まで、消灯時間が来たら全員が電気を消して寝る。それでは入所施設や病院での集団生活と大差ありません。

いうまでもありませんが、利用者さんの嗜好は人それぞれです。タバコも暮らしの選択肢の一つだと考え、大家さんの許可を取って喫煙所を作り、時間を決めて吸えるようにしています。そして、アルコール類も特に禁止にはしていません。薬を飲むうえで制約がなければ、お酒も好きに飲むことができるようにしています。その人の人生なのだから、危険があったりトラブルにつながったりといった事情がなければ、事業者が利用者さんの好きなものまで奪っていいはずはないと思うのです。

COLUMN 2

利用者さんの生の声をお聞きしました

サポ住に入居後、生活に変化はありましたか?

●仕事を始めることができました。退院後に生活訓練を受けて、サポ住に入居しました。仕事には、週5回午前中にいっています。自分のペースで仕事にもいけているのでよかったです。

●B型事業所で仕事を始めて、お菓子づくりを楽しくやっています。いまは、週5回半日勤務ができるようになったので、週5回全日勤務を目指しています。

●一人暮らしのときは、雑というか、いい加減に生活していました。公共料金の支払いなどもグループホームはわかりやすいので生活しやすいです。

●入居前は、自宅でひきこもりのような生活をしていたので、サポ住に入居してからは、外出したり、人とかかわる機会が増えました。朝起きられないときは世話人さんが声をかけてくれるし、薬も管理してくれて飲み忘れもないので安心です。規則正しい生活ができるようになってきています。

●親との関係がよくなりました。入居前は、母親との関係がよくなかったのですが、LINEをしたり、いまはたまに実家に帰ったりして、ほどよい距離感でいることができています。自炊ができるので、好きな料理を楽しんでいます。

●ルールがあるので、時間を気にして行動するようになりました。

第2章

現場を支え合う人としくみのつくり方

2―①　「少しの力」を結集して、質の高い支援体制をつくる

利用者さんの暮らしを支えるたくさんの人

個別サポート付き障がい者向け住宅（以下、サポ住）でどんな支援をしているか、その内容についてはこれまで述べてきたとおりですが、質の高い支援を行うためには、スタッフの働きやすさや仕事に対する高いモチベーションが重要だと考えています。

サポ住の現場には「利用者さんともっと向き合いたい」「もっと支援力をつけたい」と自発的に考えているスタッフがたくさんいます。その背景には、柔軟な

勤務体制や組織のあり方、あるいはスタッフミーティングや人材教育といったしくみがあります。その一端をここにご紹介します。

まずは、勤務体制です。福祉業界では、主に専門資格を持った正社員がフルタイムで勤務しているのが一般的ですが、サポ住で支援を行うスタッフは、数名の管理者とサービス管理責任者以外、全員がパートさんです。しかも、100人以上のパートさんの多くが1日2～3時間ほどの短時間勤務です。

フルタイムでは働けないけれど、数時間なら働けるという人はたくさんいます。そのためパートさんの経歴は実に多彩です。子育ての経験を生かしたいという主婦の方や、定年までビジネスマンとしてバリバリ働いてきた男性が、社会参加したいという思いからエプロンをつけて現場に入ってくれています。また、親の介護や子どもが障がい者で支援の経験があり、それをきっかけに「自分にできることがあれば」と働きにきてくださるようになった方もいます。

他にも、ふだんは病院で働いている看護師さんや介護士さんが副業でパート勤務をしている方や、親子でサポ住のスタッフとして勤務している方までいます。

親御さんがまず働き始めて、娘さんや息子さんにも「サポ住で働いてみたら」と勧めてくださり、お子さんたちが副業として入ってくれているのです。

このような非常勤パートさん主体の組織としたのは、実は飲食店チェーンのしくみを参考にしたからです。飲食店チェーンでは若いアルバイトスタッフがたくさん働いています。そして、アルバイトスタッフがリーダーとなって現場を管理して、自分たちのアイデアでサービスを生み出してお店を回転させています。このしくみはシフト調整の面から見てもとても合理的です。お客さんが多い日はたくさんの人に入ってもらう、お客さんが少ない日は少ない人数にするというように、柔軟にマンパワーを管理できるからです。

これを障がい福祉の現場に応用し、行き着いたのが現役をリタイアしたシニアの方の隙間時間を貸していただくことでした。障がい者グループホームの現場は、介護のような入浴介助やオムツ交換、頻繁なリネン交換といった体力的にハードな仕事ではないということもあり、非常勤パートとして短い時間働くのであればさらに負担なく仕事をしていただけるので、シニアの方も参加しやすいのではと考えたのです。

短時間勤務で自由がきくし、体力的なハードさもない。特別な資格が必要なわけでもなく、掃除などの支援は家事の延長でできることでもあります。さらに食事は配食サービスの会社から調理済みの食材が冷凍されて届くので、一から調理をする必要はありません。解凍して器に盛り、あとはご飯を炊くことと、味噌汁をつくるだけなので、料理の経験が少ない男性にも力を貸していただきやすいと思います。

短時間勤務だから、余裕を持って向き合える

障がい者とご家族を地域社会全体で支えるしくみにしたいという思いから、たくさんの人に力を貸してもらおうと考えて短時間勤務の体制としたのですが、働く時間が短いことは、考えていた以上に様々なメリットがありました。まず数時間なので、シフトが柔軟に変更できます。急に誰かが休んでも、数時間であれば

別の誰かが埋めてくれるのです。
そして様々なスタッフが入れ替わり立ち替わりあちこちの拠点へと支援に入り、利用者さんとつかず離れずの関係で支援を行う。私はこのかかわり方がちょうどいいと思っています。
いつも同じスタッフが現場に入っていると、人間関係が固定され何かあったときにやりづらくなることもあると思いますし、利用者さんのスタッフへの依存も起こりがちなのです。
残念ながら、障がい者施設や病

院の精神科病棟では虐待が横行しているところもあると聞きます。常勤の固定したスタッフばかりになると現場のストレスもたまりやすくなり、逃げ場がなくなります。そういった意味でも、役に立てることを実感しながら短時間働いて、今日のシフトは終わり、と細かく気持ちの切り替えができるほうが現場の健全さを保ちやすいと思っています。

1日数時間しか入らないパートさんばかりで、本当に親身になって支援をしてくれているのかと思われる方もいるかもしれません。けれど、私が感心するほど、パートの皆さんは強い思いを持って現場に入ってくれています。

そもそもサポ住での採用にエントリーする方は、最初から「人の役に立ちたい」というマインドを持っていることが多いように感じます。さらに目の前に支援が必要な方がいて、日々向き合っていると、何かしてあげたい、何かできることはないかと自然と考えざるを得ないのだと思います。例えば、入居時の様子から「大丈夫かな、生活に慣れていけるかな」と思っていた利用者さんが、自分の働きかけによって、落ち着いたり笑顔が見られたりと、その変化する様子が目で見てわかります。「人の役に立てている」という実感を得やすいことも、この仕事のやりがいにつながっているのだと思います。

2―② もっと暮らしやすくするために現場のアイデアを取り入れる

マニュアル化できない現場を支える自発的な働き

サポ住は茨城県に10数か所の拠点があります。部屋数でいうと、およそ70室です。その現場は、先に触れたようにパート勤務のスタッフの自発的な働きで支えられています。

スタッフは様々な場面で「こうしたほうがいいんじゃないか」と自発的にアイデアを出してくれます。スタッフの皆が利用者さん一人ひとりと向き合い、「もっといい支援をしたい」という意思を持って働いているのです。

サポ住は、拠点ごとに支援の仕方がすべて違うため、現場ではマニュアル化できないことがたくさんあります。突発的なことも起こります。利用者さんによって必要となる支援がまったく違うなか、管理者もスタッフもそれぞれが現場で臨機応変に利用者さんへのサポートを行っています。

過去には、利用者さんの体調が悪くなってしまい、急な入院が必要になったこともありました。そのときには、管理者がご家族と協力しながら病院に付き添って、ご本人を説得して入院していただきました。この事例からもスタッフ一人ひとりの根底に、利用者さんに寄り添いたいという姿勢があれば、マニュアル化しなくても質の高いサポートが実現できるのではないかと考えています。

サポ住には、スタッフの工夫があちこちに見られます。

家事の効率化や利用者さんの暮らしやすさを追求して、オリジナルでチェックシートをつくるなど、支援のためのツールもずいぶん増えました。服薬管理で薬を入れるのにちょうどいい空箱を見つけて、薬の受け渡し用に工夫をしていたり、また、ある拠点は周辺に街灯がなく、夜になると駐車場が見えにくくなってしまっていたので、男性のスタッフが駐車スペースの奥の段差に白いペンキを塗って、夜間の駐車時の目印になるようにしてくれました。

いずれも誰かが「こうしてください」といったわけではありません。自発的な働きがあちこちの現場にあるのです。

ちなみに、サポ住の中には畑のある住まいもあり、畑仕事が好きなスタッフは勤務日以外にもやってきて、せっせと野菜をつくってくれます。ネギやジャガイモやサヤエンドウなど好きなものを植え、利用者さんのなかにも土いじりの好きな方もいるので一緒に収穫し、グループホームの夕食をつくったり、獲れたてのお野菜をご近所に配ったりしています。誰かに指示されて仕事をする現場ではないからこそ、家庭的ないい雰囲気が生まれ、それが利用者さんにも伝わっていると思っています。

いろんな視点があるから、改善できる

現場のスタッフのモチベーションを高め、支援のあり方を振り返る機会になっているのがスタッフミーティングです。サポ住の各拠点では、毎月のミーティングがしくみ化されていますが、出席は強制ではありません。問題意識のあるスタッフが自主的に集まるスタイルで運営されています。

例えば、利用者さんが人間関係にトラブルを抱えていれば、それをどう解決するかといったことから、業務の追加や割り振りの変更まで、ミーティングでは常に様々な見直しを行っています。

「利用者さんからこんな訴えがあったけれど、どう対応したらいいか」と誰かが問えば、「自分のときはこうしています」「他のホームでは、このやり方でうまく対応できていました」などと様々な意見があがってきます。

いい案があがってくれば、他の拠点にも共有します。これまでの例でいえば、利用者さんの部屋に備え付けているエアコンについて、スタッフの一人が健康管

理の観点からフィルターの掃除を定期的にしたほうがいいんじゃないかという意見があがりました。すると「それは確かに必要だ」と意見が一致し、すぐに全拠点で定期的に掃除をすることになりました。

様々な経歴を持つ人がいて、それぞれに気にかけている観点が変わってきます。衛生面によく気がつく人、利用者さんの安全面によく気がつく人。盲点だったことも、誰かが気づいてくれることで、毎月のようにサービスのツールが増えていきます。それを各拠点で共有するしくみにすることで、すべてのエリアにあるグループホームの支援もアップデートしていきます。

チームがフラットだから気軽に意見が出てくる

ミーティングの場には、非常勤も常勤も、管理者もパートさんも関係なく、かかわるスタッフ誰もが参加でき、自由な意見が飛び交います。意見を出しやすいのは、チームがフラットだからというのもあると思います。

看護資格を持っているなど、専門職としての経験が豊富なスタッフも活躍している現場ですが、その人がリーダー的な立場でチームを引っ張っていくという雰囲気ではありません。経験者のいうことに従い、聞かなければならないといったことはなく、むしろ、日々直接、利用者さんに向き合い支援しているパートさん一人ひとりがリーダーとなり、みんなが自然体で話し合っています。

短時間の勤務なので現場を離れている時間も長く、その間に冷静に思考を巡らせることができるというのも有効なポイントかもしれません。その日の支援の内容を振り返って、改善策を考える時間がたっぷりあり、それをミーティングの場で投げかけることができるのです。

スタッフそれぞれが自分の役割に向き合い、それぞれができることを活かした支援をしています。その小さな力を結集することで、サポ住の支援は成り立っています。スタッフにもよい循環がある現場だからこそ、様々なアイデアが出て、それが利用者さんの暮らしやすさや支援の充実へとつながっていきます。

2―③ 利用者さんと支援スタッフの間には「距離感」が必要

線引きは、利用者さんの安定した生活を守るため

利用者さんの生活をサポートするうちに、支援スタッフと利用者さんは、当然親しくなっていきます。それはもちろんよいことなのですが、一定の線引きをして距離感を保つことは必要だと考えています。

スタッフの多くはサポ住の近所に住んでいる地元の方々です。なので、親しくなってくると気の合う利用者さんと仕事以外で会ってお茶をしたり、一緒に買い物をしたりということにもなりがちです。そのこと自体は悪いことではないと思

いますし、そのときはお互いに楽しいかもしれません。しかし、依存の傾向がある利用者さんの場合は、距離の近さがトラブルを生む可能性があります。

実際、過去には利用者さんと仲よくなって個人的な連絡先を交換したことで、利用者さんの依存度が増してしまったことがありました。スタッフのもとに出勤日でないときにも電話をかけてきたりＬＩＮＥで相談をしたりするようになり、結局、そのスタッフが辞めることになってしまいました。同じようなことが何度か続きました。

その当時は利用者さんに対しての距離感のルールを明確にしておらず、このスタッフのかかわり方はちょっと危ないのではないか、線引きはちゃんとできているだろうかと危ぶみながらも、私の対応ができていませんでした。だからスタッフから「もう辞めたいです」といわれ、やっとスタッフ任せにせずにルール化しなければならないとわかったときには手遅れだったのです。

現在は、スタッフ向けのルールブックに、個人的な連絡先の交換はしないこと、プライベートの時間で会わないこと、利用者さんとお金の貸し借りはしないこと、

ものをあげたりもらったりすることなどもしないとしたルールを明文化しています。あくまで勤務している時間の中だけのスタッフと利用者さんとしてのかかわり合いにしてくださいと厳しくお伝えしています。

特に優しい気持ちのあるスタッフほど、このことをきちんと伝えないと、寄り添ううちに利用者さんとスタッフという関係の区別がつかなくなってしまいがちです。なので、こういった線引きについては、利用者さんの安定した生活を守る意味でも重要だと思っています。

現在、スタッフには勤務する拠点を決めずにできるだけ複数のホームに入っていただくことを前提にシフトを組んでいます。一つの拠点に関わるスタッフは10名ほどですが、いろんな拠点をまわりながら支援をすることで、人間関係が固定するのを防いでいるのです。

軽いひと言が思わぬ展開に発展することも

そしてもう一つ、現場で大事なのは情報管理です。サポ住の拠点が新しくオープンすることや、新しく支援に入るスタッフのこと、新しく入居される利用者さんの情報は、絶対に利用者さんに伝えないようにと厳しくお伝えしています。

例えば利用者さんに対して、他の市に新しくオープンするキノッピの家の情報を伝えたとすると、「新しいところに引越したい」と要望が出るかもしれません。スタッフからすれば気軽な雑談のつもりで話したとしても、利用者さんはかんたんに引越しができるわけではありません。

障がい福祉サービスの制度上、相談支援専門員さんがサービス等利用計画を変更しなければなりませんし、親御さんの許可も必要になります。また、障がいのある方の特性上からも生活環境を変えることはかんたんではありません。一時的な気持ちで引越しをしても環境の変化で、安定していたサポ住での暮らしが病状の悪化によりできなくなる利用者さんも少なくありません。ただのアパートの引越しとは異なるということを理解してもらわなければなりません。

新しく入居する利用者さんに関しても、「今度くる人はこういう人で…」と他の利用者さんにうっかり話してしまうと、その情報が利用者さんの不安となり、体調を崩したり、利用者さん同士のトラブルに発展するリスクもあります。ポロっと出た言葉によってみんなが安定して過ごせなくなってしまいます。利用者さんの個人情報の扱いについては、ルールブックに明記してから、トラブルは非常に少なくなりました。

サポ住での支援は、食事の提供や掃除など家事の延長でできる仕事ではありますが、ここはこの仕事をするうえで厳しいプロ意識が求められるところです。

幸い、サポ住には現在まで延べ70名ほどの利用者さんを受け入れ、サポ住の暮らしができるようになるためのノウハウの蓄積があり、長く勤めるスタッフが育っているので、新しく支援に入る方は、その先輩を見ながらプロとしての対応を自然と学べる環境もできています。

利用者さんの生活の場を守るためどんな対応をするのか。難しい部分ではあるのですが、優しい親御さんのように接する部分と、毅然とした線引きでプロとしての対応が必要となる部分。対応としては真逆なのですが、その両立が求められる現場でもあります。

2—④ 働きながら成長し、現場の支援力を高める

共有知から学びを深める

利用者さんの暮らしやすさに直結するのが、スタッフの支援力です。その支援力を高めるために、人材育成をとても大切にしています。

前述の通り、サポ住の事業は、短時間勤務のパートさんとして、様々な年代・経歴の方に力を貸していただいています。採用に関しては、サポ住という地域のプロジェクトに参加してくださいといったスタンスで、面接で意欲を感じられた方は基本的に採用する方針としています。障がい者とご家族を支える側の裾野を

地域全体で広げていきたいので、基本、職場では服装も髪型も自由ですし、ペット連れや子連れでも働ける職場です。参加のハードルは低いけれど、現場に入る前のオリエンテーションや研修はしっかりと行い、未経験の人でもスムーズに仕事に入れるようにと考えています。

まず、入社初日に行うオリエンテーションでは、生活ガイドブックの読み合わせを行いながら1対1で支援に対する心構えや利用者さんに行うサポート内容を説明し、記録簿の書き方など具体的にお伝えしていきます。このオリエンテーションを受けたあるスタッフから「これまでこんなに丁寧に生活支援の仕事を教えてもらったことはなかった」といわれたことがあります。その方は、他の事業者が運営する障がい者グループホーム数社で働いてきた人でした。これまで働いたグループホームでは、入社と同時に現場に入って、一人で現場を任されてきたそうです。「支援とは何か」まで教えてくれたところはなかったといっていました。

オリエンテーションの後は現場に行き利用者さんの支援に入りますが、最初の3回は先輩スタッフと一緒です。先輩の利用者さんへの対応を直接見ることで、現場での支援のやり方をつかんでいただいています。そして4回目からは一人での利用者さんの生活支援がスタートします。

サポ住の現場では、オリエンテーションでお伝えしたこと以外にも、様々なことが起こります。「この対応で合っているのか」と疑問が浮かんでくることも当然あります。それを解決するための場が、先にも述べたスタッフミーティングです。

スタッフミーティングでは様々なアイデアや意見が出てくるという話をしましたが、同時に支援のノウハウを学ぶ場にもなっています。ミーティングの参加は任意で、スタッフ全員に参加を強制しているわけではありませんが、シフトが入っていなくても、たくさんの方が出勤してきてくれます。話したいこと、聞きたいことがあるのだと思います。この場面では他の人はどのように対応しているのか、判断に迷ったことを再確認しようと皆さん真剣です。他の人の対応を共有することと自体が学びとして機能しています。

ミーティングを積み重ねるほどにみんなの「共有知」が深まります。議事録もどんどん濃いものになっていきます。それがスタッフ全体の支援力を高めることにつながり、離職率の低さにもつながっていると思います。

動画コンテンツの研修システム

人材教育のツールとして、動画での研修システムも取り入れています。障がい者支援に関する教育コンテンツを提供する会社があり、そのサービスを利用しています。一本につき15分ほどの動画で、統合失調症はどんな病気なのか、てんかんを持つ人にはどう対応し、何に気をつけるべきかといった具体的な内容を学ぶことができます。

動画研修の中から毎月学んでほしいテーマをあらかじめ決めておき、スタッフに出勤日のどこかで見てもらいます。拠点にパソコンを置き、シフトに入っている間は、隙間時間などいつでも好きなときに動画を見ることができるようにしています。皆さん積極的に見て、知識を深めています。

利用者さんを支援していくなかで、日々「あの症状への対応はどうしたらいいか」と課題意識が生まれるのだと思います。それを知識として学べるのが動画研修です。この動画研修を通して、日頃の支援の疑問点や課題を解決することができ、成長を実感できるポイントとなっています。

「できない」を「できる」に変える

障がいのある人を支援する仕事というと、経験がない方ほど「難しそう」と感じると思います。それで福祉業界を敬遠する人もいるかもしれません。ただ、実際にサポ住で暮らす障がい者の皆さんへの支援の一つひとつに、専門的な技術や体力が必要なわけでもありません。重要なのは、障がいというものを知り、障がいのある方との向き合い方を知っているか否かだけだと感じます。なので、サポ住での勤務を通してたくさんの方に「自分にも生活支援ができる」と実感してもらうことが、正しく障がいのことを世の中に認知してもらう一歩になると思いますし、その積み重ねは障がい者とご家族を社会全体で支えていくしくみをつくるために必要なプロセスだと思っています。

もちろん私自身、事業を始めた最初の頃は、トラブルがあると焦りました。障がいの特性や傾向がなにもわかっていなかったので、この症状にはどう対応したらよいのだろうと悩みました。しかし、いろいろな利用者さんを見て経験を積んでくると、次第に衝動やこだわりにも傾向が見えてきます。さらに現場のノウハウが蓄積されてくると、未知のトラブルが起きたときにもみんなで話し合えばどう対応すればいいかも見えてきます。

できないことができるようになると、自分自身の成長をすごく感じられると思います。それは仕事へのやりがいや生きがいにつながると思っています。

現場で働くスタッフみんなにそれを感じてもらうには、問題意識を持って働き、疑問点やうまくできなかった点は解消し、乗り越えて、「できるようになった」という実感を持ってもらうことが大切だと考えています。

そうした成長体験が積み重なれば、もっと学びたい、もっとよい支援をしたいという理想的なスパイラルに入っていくと思います。

非常勤パートで入社したスタッフが常勤パートになり、1年足らずで管理者となったのち、いまでは全拠点をまわって支援力の向上に尽力しているスーパースターもいます。このスタッフには会社からオファーをして介護福祉士の資格に挑戦してもらい、見事に合格しました。皆で学び、成長していく風土が培われたいまでは、サービス管理責任者に挑戦するシニアスタッフまで出てきています。

サポ住で働くことのやりがいが利用者さんへの支援品質に直結しますので、これからも、スタッフが成長するための支援は惜しみなく続けていくと決めています。

2－⑤ 公式LINEで困りごとはいつでも伝えられる

いつもつながっている安心感

「いまからご飯を食べます」「いい天気」「いまテレビで○○をやっています」「今日はどうしても仕事に行きたくない……」

管理者のもとには利用者さんから毎日LINEでメッセージが届きます。

このLINEは、管理者の公式アカウントで、キノッピの家に入居した方は、全員この公式アカウントにつながってもらっています。LINE参加者は利用者さんにより様々で、ご本人と3人の管理者のほかに、ご家族や相談支援専門員さ

んまでつながっている方もいます。そして、利用者さんから何か連絡が来たときには、管理者の誰かが必ず返事をする体制をとっています。

この公式LINEが動かない日はありません。用事があって連絡のために使うというよりは、単に自分の状況を伝える場となっていることも多いです。幻聴のある方であれば、どんな声が聞こえているかを報告してくれますし、自分が見ているテレビの内容、これからどこへいくか、何を食べるか、ときには管理者に向けて「大好き」とメッセージをくれる方もいらっしゃいます。利用者さんによっては、Ｔｗｉｔｔｅｒのようなつぶやき感覚で使っているかもしれません。でも事業者側としては、利用者さんがいま何をしているか、どんな状況なのかを把握することのできる重要なツールとなっています。

特に精神疾患をお持ちの方は、夜に不安になる傾向がある方も多く、不調のサインに気づくきっかけにもなります。このサインを見逃せば、事件や事故につながるかもしれません。そのようなＬＩＮＥをもらったときには、管理者がすぐにアクションをするようにルール化しています。

ＬＩＮＥでの対応は、利用者さんの性格や抱える疾患などによってその都度変わります。精神疾患の方は特に寄り添う必要があります。また、もともと休みがちな人から仕事に行きたくないですというメッセージをもらえば、仕事に行けるよう声かけしたり、自分で就業先に連絡して休むように伝える場合もあります。本当に体調が悪い場合は、管理者から現場スタッフに連絡を取り、体温のチェックをしてもらったり、看護師の方に巡回をしてもらうこともあります。

利用者さんからの様々な発信に対して、いつも気の利いた言葉を返せるわけではありません。でも何かアクションをして、いつも誰かとつながっていることが実感できるだけでも利用者さんにとっては自分が承認されているという安心感につながります。小さなことですが、ＬＩＮＥでつながり、自分を言葉で表現できる場所があるというのはとても大切だと思っています。

「現場を一人にしない」しくみ

利用者さんとの公式ＬＩＮＥアカウントのほかに、現場のスタッフと管理者がつながる公式ＬＩＮＥアカウントも稼働しています。基本的に支援には一人で入ってもらっていますが、何かあってもＬＩＮＥか電話ですぐに連絡を取り合い、相談ができる体制をとっています。

連絡を受ける側の管理者も、ＬＩＮＥが来ればなるべく早く返すようにし、電話にもすぐに出られるようにしています。これは当社の、管理者自身もまた私と同様に障がい福祉未経験でこのグループホーム運営という仕事をスタートし、現場に一人で入る不安を理解しているからこそ生まれたしくみです。

今日は、どういうことが起こるのか。誰かが倒れるかもしれないし、いなくなってしまうかもしれない。何か事故があったらどうしようと不安を抱えながら支援に入っていたからこそ、現場のスタッフから連絡が来たときには、すぐに返せるような体制にしているのです。

また、LINEでいつでも連絡を取れることは、それぞれの拠点の状況を把握することにもつながります。サポ住は多拠点で運営しているので、管理者だけですべての状況を常に把握することはできません。こまめな「報告、連絡、相談」を意識していないと、情報が届かず問題を早めに察知することはできません。だからそれぞれの拠点に入っているスタッフと常にLINEでつながることによって、それぞれの拠点がいまどんな状況なのかをつかむようにしています。

こうした常に誰かとつながっているしくみによって支える側も心の余裕を持って利用者さんと向き合うことが可能になっていると思うのです。

COLUMN 3

親もほっとできるしくみがあることを知ってほしい

当事者から見た８０５０問題について家族会会長さんにお聞きしました――❶

家族会でも８０５０問題について考えていかなければいけないと思っている親御さんがたくさんいます。しかし、私が40代50代の現役サラリーマンだったときには、そこまで考える余裕はありませんでした。

私が息子の今後のことを考えるようになったのは定年前です。その頃は市町村では精神疾患を扱っていなかったため県の保健所へ相談に行きました。統合失調症とはどんな病気なのか、親はどう対応したらいいのか、社会資源にはどんなものがあるのか。勉強するのに仕事を休まなければならず、会社に迷惑をかけるということで退職しました。そんな経験から、８０５０問題は親御さんを解放してあげないといけないと思っています。元気な間はできるだけ一緒に生活してやりたいという気持ちでしょうが、疲れ果てる前に受け皿に移ってもらいたいなと思います。タイミングが難しいですね。

親と同居していれば、当事者は慣れた生活なので楽です。しかし、その楽のなかには、薬を飲まない、生活のリズムが整わないといったこともありがちです。

長年家族会の会長をしているのに何を勉強してきたのだと反省していますが、周りのご家族でも、いまの障害福祉サービスについて知らない人はたくさんいます。世の中には自立できない当事者にも手を差し伸べてくれるグループホームというしくみがあることをもっと知ってもらいたいですね。

COLUMN 4

孤立から抜け出して、なるべく多くの社会資源とつながる

当事者から見た8050問題について家族会会長さんにお聞きしました――❷

8050問題には依存という問題も潜んでいます。それも、子どもだけの依存ではなく、親も子どもに依存している「共依存」です。つまり、8050問題の解決には、親子が孤立や共依存から抜け出し、他者とつながりながら、自分なりに生きていける道を見つけることが必要です。

ただ、精神関係の病がある人はとりわけストレスに弱い。ストレスに弱いから、対人関係にも弱く、孤立しやすいのが特性です。そんななかで、困った時に聞いてもらえる人がいるのかどうかが別れ道になります。病院のケースワーカー、市役所の福祉担当課、グループホーム、就労支援事業所、相談支援事業所といった社会資源もありますし、家族会もそうです。まずは1本でもよいので、どこかとつながることが大切です。

反省ですが、私が40代、50代の頃は親子ともまだ若く、自力で頑張ろうとしました。自分で情報を手に入れ、病院の先生のいっていることを聞いていればなんとかなると思っていました。が、そうはいかなかった。自力ではとうてい難しかったのです。

まず、社会に向かって心を開き支援を求めることが必要でした。それには家のことを一回オープンにしなくちゃいけない。カミングアウトをするのには勇気がいります。なんとか勇気を出して、周りにはつながっていける人が必ずいるということに、ぜひ気づいていただきたいと思います。

第3章

「8050問題」「親亡きあと」の受け皿になる

3—①「30年ぶりにゆっくり眠れる」ということばの重み

当事者にしかわからない8050問題の過酷さ

私には8050問題が、障がいを抱える方やその親御さんにとって想像以上に過酷なものだということを認識した体験があります。

それは、サポ住の入居者さんの80代になる親御さんとお話ししていたときのことでした。その方が、「おかげさまで30年ぶりに、夜ゆっくりと眠れるようになりました」とおっしゃったのです。20代で統合失調症を発症した息子さんが夜のトイレで何度も発作を起こし倒れていたのでそれが心配で、30年間、夜ゆっくり眠ることができなかったそうなのです。

また、こうもおっしゃっていました。

「息子は病院に連れていくと入院させられると思って、身内だとわがままが出やすいせいもあるのでしょうか、通院をひどく嫌がりました。無理やり車に乗せて通院させるために、手を出したことも1度や2度ではありません。いまは通院の同行もお願いできて、ほんとうに助かっています」

8050問題の受け皿としてのグループホーム

実は、障がい者グループホームは制度的には夜間の人員配置が義務付けられていません。しかし、サポ住では入居者さんが安心できるように全拠点に夜間、支援スタッフを配置して、夜間も眠らずに見守りをしています。

そのような入居者さんへの配慮が図らずも、親御さんが抱えていた8050問題の一つを解消し、また、看護師による通院同行サービスでも同じように親御さんを悩ませていた問題の一つを解消できていたことにびっくりしたのです。事業者としては利用者さんのお悩みや困りごとを解決するために様々な支援サービスを準備しているのですが、このお話を伺ったときには想像を超えたところに様々な８０５０問題が潜んでおり、障がい者グループホームにはその軽減のための受け皿として、お役に立てることがまだまだたくさんあるように思いました。

なるべく多くの地域資源とつながる

８０５０問題の根底には、障がいのある子どもの面倒を見るのは親の責任とする日本社会の無言の圧力があるように感じます。その結果、親が子どもを社会から隠すように暮らすひきこもりの家庭が生まれ、障がい福祉サービスとつながっていないので、子どもは適切な訓練や教育を受けるチャンスを失います。ひきこもりは６０３０、７０４０、８０５０と続き、やがて、子どもが社会的な生活基盤そのものを失ってしまう「親亡きあと」へとつながっていきます。

この負の連鎖を断ち切るためには、障がい者とそのご家族を地域社会全体で支えるような世の中をつくらなければいけません。障がい者グループホームは相談支援事業所や就労支援事業所、医療機関、社会福祉事務所、保健所、市町村などと緊密につながり、その中心となる地域資源（※1）として8050問題の解決に貢献できると思います。

（※1）地域内の有形、無形を問わず、人間活動に利用可能なあらゆる要素を示す。その内、社会福祉的な要素が強いものを社会資源と呼ぶ場合がある

3—② 「子どもが家から出たがらない」をどう解決するか

チャレンジしなければならないときが必ずくる

障害福祉サービスを利用することなく、親御さんが自宅で子どもさんを見ているご家庭は、親御さんが高齢になってくれば、いままでできていた生活を、そのままずっと続けることは難しくなります。

ところがいくら親が外に出そうと思っても、子どもさん自身が家に根を張ってしまって、部屋から出たがらないケースも多くあると思います。本人にとっては、小さな頃から馴染んだ家なので、なかなか新しい環境に移ることが難しくなっている状況だろうと想像します。そんなときに、家族だからといって強く当たったり、同時に、未来が見通せないというストレスに親子共々さらされると、親子関係がこじれる原因にもなっていきます。

親御さんがいちばん苦労するのは、その状態から、離れて暮らすことにどうチャレンジしたらいいのかという点なのではないでしょうか。

グループホームのショートステイを使ってみる

ショートステイ（短期入所）は、入所施設で行われているイメージがあるかもしれませんが、障がい者グループホームでもショートステイの利用者さんを受け入れています。サポ住でも、アパートの2部屋をショートステイ用の住まいとして用意していて、1泊2日から年間180日を上限に使っていただけます。

「自分がまだ元気なのに、子どもを預けていいのか」と利用を躊躇《ちゅうちょ》する方もいらっしゃるかもしれませんが、この制度自体はもともと親御さんがちょっと息抜きをするために使うことを想定しています。ぜひ試してみてはいかがでしょうか。

事業を続けるなかで、支援力もサービスを広げる体力もついてきたので、当初対応していなかったショートステイにも踏み出すことができました。２０２３年から指定事業所となっています。

これまでも体験入居は行っていましたが、ショートステイであればグループホームへの入居を前提としなくても使えます。ご本人が慣れてくれれば本入居という形で、アパートや戸建てなど好きな住まいを選んでグループホームに移行することも可能です。

現状では障がい者グループホームでショートステイを受け入れているところとそうでないところとありますが、全国的にはショートステイのできるグループホームは増えていく流れです。

すでに相談支援専門員さんとつながっている方であれば、ぜひ聞いてみてくださ い。また市役所の福祉担当の職員さんは、地域の障害福祉サービスを把握されていますので、ショートステイできるところがあるか尋ねてみてはいかがでしょ

うか。いますぐに直接的なニーズを感じられていない場合も、将来のことを考えて一度試しておかれるとよいと思います。

ショートステイでのご利用の経験が後々の自立（グループホームの入居）にもつながっていくことになると思います。

「お互いに優しくなれた」

お子さんが障がい者グループホームを利用するようになったことで、7040や8050問題が解消し、親子関係が改善した方もたくさんいらっしゃいます。サポ住でも入居後に「生活に余裕ができた」「すごく助かっている」と親御さんからお手紙や電話をいただくことがあります。余裕ができたことで、毎週利用者さんの顔を見にくるようになった親御さんもいらっしゃいます。

利用者さんにも、ご家族との関係の変化について尋ねると「お互いに優しくなれた」とおっしゃる方が多いです。

サポ住では、親御さんと私たち事業者は、お子さんの生活を一緒にサポートする仲間のような関係でいられたらと考えています。グループホームに入居したからといってお子様と離れ離れになる必要もなく、会いたいときに会える距離で、地域でともに暮らし続けていく道を選択していただくことができます。

親子とも年を重ねてしまうほど、離れて暮らすことが難しくなります。ぜひ、ご自宅の近くにもう一つお子様の部屋ができたくらいの感覚でご利用いただけるとよろしいかと思います。

3―③ 事業への向き合い方を変えた家族会との出会い

講演で感じたご家族の鬼気迫る思い

私はこの事業を始めてから数年後に、利用者さんのご家族が会長を務めている家族会で講演を頼まれるようになりました。

家族会（※1）とは、主に精神疾患のある当事者を家族にもつ人たちの会で、全国各地で活動が行われています。定期的に集まって家族同士で交流をしたり、悩みを共有したり、病気についての理解を深めるために施設の見学や専門家を招いた勉強会を開催したりと、その活動は幅広い内容に渡っています。

最初に呼んでいただいたのが、茨城県龍ヶ崎市の家族会でした。数十名ほどのご家族の前で個別サポート付き障がい者向け住宅の事業について話をしました。

そのとき、話をしながら受けた強烈な印象はいまも忘れられません。こちらの言葉に耳を傾けるときの真剣な眼差し。配布した資料を全ページ隅から隅まで熟読する姿。皆さんがお子さんの将来を心配し、お子さんが安心して暮らせる場所を心から求めている。ハンディキャップのある方々の住まいの問題はこれほど深刻なのだということを肌で感じた瞬間でした。ご家族から文字どおり鬼気迫る強い思いを感じたのです。

家族会には、自分たちが元気でいるうちに子どもが安心して生きていける場所を見つけ、自立させるために動かなければならないと、本気で将来に向き合う親御さんがたくさんいらっしゃいました。私は障がい者グループホームが社会に必要とされていることが頭ではわかっているつもりでしたが、実際、自分が事業を行っている地域で、こんなにもたくさんの方に必要とされている事実を突きつけられ、衝撃を受けました。ここから、私自身の事業に対する向き合い方が大きく変わったように思います。

国は「地域移行」というスローガンのもと、精神科病院や入所施設の利用数を減らし、地域で暮らすようにとの方針を掲げています。すると、ご家族と一緒に暮らす以外の地域の受け皿は、現状、障がい者グループホーム一択です。そのうえ、高齢化によりお子様に対するご自宅での生活支援が難しくなっている状況を踏まえると、地域の受け皿となるグループホームの数はまだまだ不足しているのです。

――もっと個別サポートのある住まいを全国に広げて、お子さんが安心して暮らせる場所をつくっていかなければならない。さらに国の福祉サービスとして、個別サポートを受けながら地域で生活するしくみがあることを知ってもらわなければならない――

私は家族会と出会ったことで、この事業は本気で広げていかなければならないと確信したのです。

グループホームは想像以上に求められている

最初の講演から3か月ほど経って、つぎは茨城県取手市の家族会でも勉強会で講演する機会をいただきました。

実は取手市は、サポ住を立ち上げる際に、最初の拠点をつくろうと考えていた地域です。私の自宅があるということもあり、取手市で開業がしたかったのです。実際によい物件をいくつも見つけて大家さんとの話も進んでいました。ところが行政から営業の許認可をいただく過程の中でうまく進めることができませんでした。結局、取手市での開業は断念し、二つ隣の市である牛久市で開業したという経緯がありました。

取手市で講演を行った時点で、まだ取手市にはサポ住がありませんでした。私は個別サポート付き住宅の事業について話すなかで、取手市にはまだ拠点がないけれど、地域に溶け込みながら、みんなが支援する形をつくっていきたいという話をしました。すると、講演後の質疑応答で挙手してくださった方が、自分たち

の地域にもまさにそんなモデルがあったらいいのにと家族会でずっと話していたという話をしてくださいました。さらに、取手市にサポ住ができたなら、ぜひ支援を手伝いたいといってくださったのです。取手市の家族会の方々からいただいたこの反応はとりわけ嬉しいものでした。

というのも取手市の開業に向けて動いていた際に市役所の担当部署からいわれていたのは、物件のまわりの住民との摩擦をさけるため、説明会を開いて住民に挨拶をして、理解してもらったうえで開業に進んでくださいということだったからです。

取手市に住む家族会の会長さんはとても残念がられ、福祉サービスとして必要なものだから、市長に意見書を提出するとまでおっしゃってくださいました。後日、本当に家族や当事者にここまで寄り添って支援をしてくれる事業であるなら、ぜひ取手市にもつくってほしいと、行政に働きかけてくれました。

このことが後押しとなり、私は取手市での拠点オープンに再びチャレンジすることができ、取手市にも一人暮らしのできるアパート型のサポ住をオープンさせることができました。オープン後、8名分のサポ住は3か月かからず満室となり、取手市でも利用者さんへの個別サポートが始まりました。

利用者さんやご家族の思いをかたちに

思い返せばサポ住を立ち上げたとき、個別サポート付き住宅のサービスは、自分が「こんな事業をしたい」という思いをかたちにしてつくったものでした。障害福祉サービスについて勉強をして、すでにある全国の障がい者グループホームの事業形態を参考にして、自分なりの仮説を立てながらつくったモデルです。
けれど、事業を開始してから利用者さんやご家族と出会い、皆さんの思いをサービスに組み込むことで、事業のかたちはどんどん変わっていきました。地域の方に熱い応援をいただいたことで、私自身もスタッフも成長することができ、この進化した事業モデルにも強い自信を持つことができるようになりました。

（※1）地域を基盤にした自助グループで、精神障がいの家族会の全国組織としては公益社団法人全国精神保健福祉会連合会がある。住んでいる地域の家族会は、多くの場合、各市町村のホームページで福祉のページに掲載されている

3―④ 20代、30代のグループホーム支援の未来像

特別支援学校の先生からのアドバイス

障がい者ご本人への障がい者グループホームの情報がどれだけ届いているかという点において、特別支援学校の先生が果たす役割も大きいと思います。

特別支援学校では一般企業や就労支援事業所などへの就職が決まり、卒業を控えた生徒に対して、グループホームという福祉サービスがあることを教える動きがあります。グループホームはすぐに満室になってしまうので、早めに探しておくようにと指導をしているところもあるようです。

グループホームは18歳(※1)から入居できる制度なので、これからの生き方としては、学校を卒業すると同時に、普通のご家庭の子どもが社会生活を始めるのと同様にグループホームに入居してそこから働きに出るということも一般的になってくるのかもしれません。

生徒さんの中には自立したいという気持ちや、職場の近くで一人暮らしをしたいという気持ちを持っている人も多いと思います。妨げになるのは、「親と離れた経験がないことによる不安」が大きいのではと想像できます。グループホームで、自分に合わせたサポートをしてもらいながら、慣れ親しんだ自宅から遠くない距離感で暮らすことができるという情報を学校で知ることができれば、自分から親御さんを説得して自立に向けて踏み出すということはあるかと思います。

学校の先生はすでに就労支援については積極的に指導をされています。それに加えて、住まいの選択について、自分の自由が尊重される暮らし方ができる福祉サービスのアナウンスをしていただけたら、とても力強い一歩になると思うのです。もし、特別支援学校で障がい者グループホームでの生活がどんなものかを講演させていただく機会があれば、事業者としてどこにでも駆け付けたいと思っています。生徒さんに向けて、私たちがどんな姿勢でサービスをしているのか、仕事を持つ利用者さんの生活の様子などもお伝えして、自立のサポートができればと思っています。

若い世代への支援も見据えて

いま現在、サポ住を利用している方は８０５０問題ど真んなかの中高年層が多いのですが、この問題を本質的に解消していくためには、適応力のある年齢の若いうちに地域社会で生活を送れるしくみを考えていく必要があります。これから若い世代への認知が広がることで、グループホームが20～30代を受け入れることも増えていくでしょう。そうなったときに必要な支援を整えていくことも大切だと思っています。

例えば、結婚、出産といった人生のフェーズが変わるタイミングをグループホームで経験することにもなるでしょう。結婚をしたときパートナーも精神疾患や障がいを抱えていれば「ファミリー入居」となり、夫婦で支援を受けながら生活することになります。実際、すでにご夫婦揃って入居されている利用者さんはおり、お子様はいないのですが、いまのサービスの延長線上には、さらには子育てといったサポートも必要になってくるかもしれません。そのときに、個別サポート付き障がい者向け住宅として何を整備してどんな支援がいいのか、考えていかなければならないと思っています。

また、最近は「親子で入居できないか」という問い合わせもありました。親御さんもお子さんも、どちらも障がいのある方です。別のサービス事業者から連絡があり、親子で個別サポートのあるアパートに住みたいとのことでした。これまでにも夫婦の他、姉妹や兄弟の入居を受け入れた実績があるので、「受け入れてもらえるらしい」との情報を入手して問い合わせてこられたようです。

いままで親子での入居は想定しておらず、経験はないのですが、受け入れられるようにと現場の体制を整えています。ファミリー入居のニーズも今後は増えていくように思います。親子で入れるグループホームというのも、これから必要な形なのかもしれません。

前例はない支援も見据えて、これからもサービスを柔軟に対応していかなければならないと思っています。

（※1）共同生活援助は、身体障がい者、知的障がい者、精神障がい者、難病患者などが対象で、原則として18歳以上が利用できる。例外として、15歳以上で、児童相談所が障害福祉サービスの利用が適当と認めた場合には利用可能となる

3―⑤ 事業を続けて、残していくことへの責任

利用者を置き去りにする「障がい者グループホームビジネス」

意外に思われるかもしれませんが、障がい者グループホームは、「ビジネス」として注目が高まっています。もともとは社会福祉法人が運営しているものが大半でしたが、民間事業者が増えてきました。フランチャイズ企業やコンサルティング会社も増え、中には「サービスに対して国や自治体から給付費が入るので安定した売り上げを見込める」といったうたい文句で、流行ビジネスのようになってしまっている面があります。

特に東京や大阪など大都市圏で参入事業者が多くなっています。

もちろん社会貢献をしたいという思い、利用者さんの役に立ちたいという思いを持って事業を立ち上げる経営者もいますが、なかには不動産投資の延長といった感覚で安易に運営をしている事業者もいます。

しかし、日本全国に障がい者グループホームがたくさんあれば、いまの受け皿の少なさが少しは解消され、利用者さんの住まいの選択肢も増えます。それは歓迎すべきことですが、なかには経営者自身はほとんど事業にタッチせず、コンサルタントが行政と折衝して立ち上げたようなグループホームもあり、利用者さんがいるのに開業から数年で廃業してしまったり、事業から撤退するケースが増えています。また、支援力がない、営業努力もしないような事業所が行き詰まって、事業をまるごとM&Aに出すなど、売りに出されているグループホームが実は都心にはたくさんあるのです。

東京都ではこれを問題視して開業する事業者のチェックが厳しくなりましたが、地方ではまだまだ精査できていない状況です。

また、現在は障がい者グループホームは利用者さんを受け入れるにあたり、個別支援計画をつくることが制度上求められますが、いまの制度ができる前に事業を開始した古い事業者はその方針のないなかでやってきたので、まだまだ支援というところに意識が向いていない、いわゆる「住まいを用意して終わり」という感覚のままグループホームを運営しているところも見受けられます。

事業を残していくという心構え

利用者さんやご家族、また家族会の皆さんと出会ってきて痛感するのは、この事業は、社会資源として地域に残していくことを考えて展開していかなければならないということです。長く続ける責任があるのです。

サポ住を開業した当初から入居しているある利用者さんは、ここでの暮らしが気に入って、ついに自宅を整理されました。安定して生活しているので、この先もずっとサポ住で暮らしていくことになるのだと思います。また、親御さんによっ

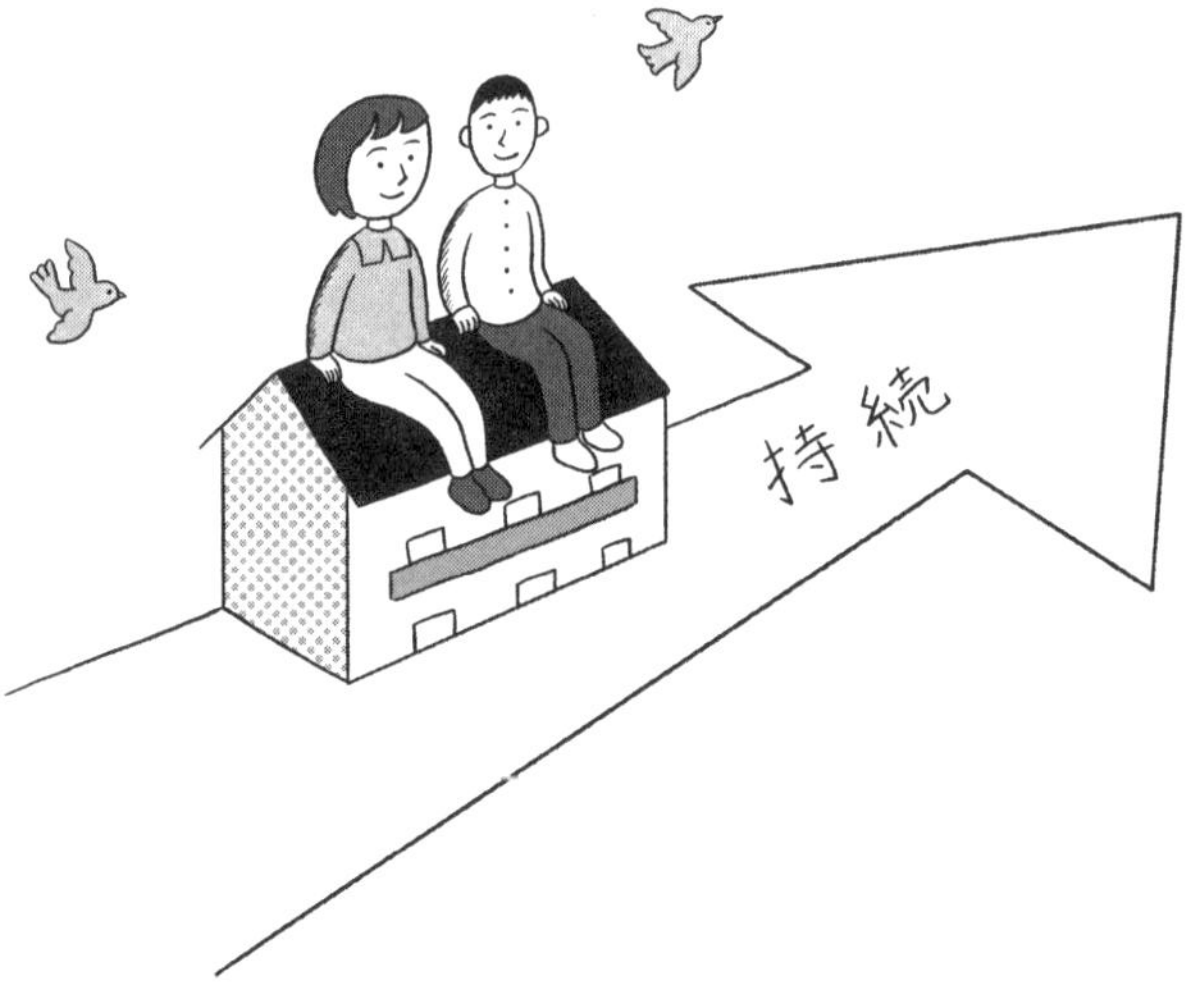

ては、「自分の子どもがサポ住に入るときは、この子の終《つい》の住処《すみか》になるかもしれないが、最期まで支援をしていただけるのか」といった声もいただきます。私たちグループホーム事業者にはこういった利用者さんの安定した生活を守っていく責任があります。

福祉と経営という組み合わせは、あまり馴染みがないように感じるかもしれません。けれど福祉であるからこそ経営感覚をもって事業を持続させていかなければなりません。立ち上げた福祉事業がうまくいかないからといって、3年や5年でかんたんに事業をたたんでよいものではありません。特に住まいと暮らしを支援するこの事業は、利用者さんの人生そのものにかかわっています。経営者として、自分たちの支援力を向上させる努力を続けなければならないし、事業を残していくために経営努力する心構えも重要だと強く思います。

利用者さんへの支援を手厚くするためにも、制度をしっかり学んで、手にした給付費でサポ住の生活環境を整え、サービス品質を向上させ、スタッフを教育し、支援の幅を広げ、また新たに必要とされる地域へグループホームを還元しなければなりません。また、地域雇用を促進し、各地域の社会課題を効果的な解決に導いていく、そのための経営努力が必要です。

サポ住の支援力を社会資源として持続させ、着実に地域に根付くしくみとしていきたいと考えています。

COLUMN 5

住まいの選択肢が増える アパートタイプのグループホーム

グループホームの利用を希望される方の親御さんから、複数の人と暮らす共同生活はまわりの人とのトラブルが心配との声をよくいただきます。特にこだわりの強い精神障がいのある方の場合は、なるべく他の利用者さんの影響が少ない環境で過ごさせたいというご希望なのでしょう。

そういったニーズを満たしやすいのは、戸建てよりも、よりプライバシーが保てるアパートタイプなのですが、アパートタイプはなかなか浸透しません。その理由は事業者側のオペレーションの問題が大きいように感じます。戸建てであれば、自室で過ごすにしても一つ屋根の下に利用者さんが暮らしているので様子を把握しやすいですが、アパートタイプは個室なので、何かあったときに瞬時のコミュニケーションが難しいといった側面があるかもしれません。

しかし、アパートの建物のなかに共有スペース用の部屋を確保し、出勤時や帰宅時などに必ず共有スペースに立ち寄り、スタッフとコミュニケーションをとるなど現場のオペレーションを工夫すれば、十分に運用できると考えています。

実際、空き家となったアパートをリフォームして一人暮らし向けの1Kや、少人数用の2DKや3DKの住まいを増やしてきたところ、問題なく回っています。

入居されている方々には好評ですし、アパートタイプがまだ少ないこともあるためか、他県から問い合わせをいただくことも増えています。

第4章

つながり、支え合う地域に変えていくには

4―① 事業をスタートさせると協力者が増えていった

事業が根付けば、地域は変わる

これまでお伝えしてきたとおり、障がい者グループホームは、障がいのある人が支援を受けながら地域の中で自立して生活できるようにと整えられている障害福祉サービスです。「地域生活への移行」という言葉で表されていますが、かつては入所施設や病院に隔離収容されていた障がい者の方々や、同居している親御さんの高齢化により支援が難しくなっている障がい者の方々が地域社会とつながりながら自由に生活できることが期待されている制度です。

しかし、私たちがサポ住を展開しようとしたときの地域の反応はといえば、最初は必ずしも歓迎されるばかりではありませんでした。地域社会とのつながりを持つための拠点として想定されているグループホームですが、実際に地域に受け入れてもらうまでにはかなりの時間差があったのです。

それでも、事業をスタートさせ、サポ住で暮らす利用者さんが増えていくと、地域の方たちの反応はみるみる変わっていきました。いまでは、私はこの事業を地域に根付かせることは十分に可能であり、支援を必要とする人と住民の方々が、つながって支え合う地域へと変えることはそれほど難しくないと思うようになりました。

皆が自分以外の他者を気遣い、障がいのある人もない人も当たり前に混ざり合い、地域で生活している。

本書の最終章として、グループホーム事業を通して思い描くようになった、そんな新しい地域社会の未来像も述べていきたいと思います。

「いい事業をしているのはわかりますが……」

開業しようと活動を始めた当初は、いまよりも障がい者グループホームについての情報も一般的には知られておらず、物件を見つけてもスムーズに契約ができないことが何度かありました。

大きな戸建ての空き家を見つけて、不動産会社を通してオーナーさんに貸してほしいとお願いをしたことがあります。オーナーさんは、すでに都心にマンションを買って暮らしており、その土地からは離れている方でした。しかし、障がいのある方に向けた福祉事業を行いたいと伝えると、「家のまわりの人たちがみんな知り合いだから、それは困る」という理由で断られてしまいました。

ゴミ出しのルールも守るし、家も大切に使う。スタッフを毎日きちんと配置して、ご近所には迷惑をかけないように運営しますとお伝えし、さらにどんな人間が働くかわかったほうがいいかもしれないと私のプロフィールを添えた手紙をお送りして、お願いをしましたが貸していただくことはできませんでした。

他にも「いい事業をしていることはわかります」といってはもらえるのですが、最後には断られてしまうということを何度か経験しました。

近隣の方に「何をやろうとしているのだ」と冷たい態度で言葉をかけられたり、きびしい口調で「説明しに来い」といわれたこともありました。

茨城県の場合は、障がい者グループホーム事業の許認可を出すのは県の福祉課で、運営に関しても市にお伺いを立て、市の意見書をもらうことができないと開設の許可がおりません。市の福祉課から住民にクレームをつけられないよう説明会を開催して事前承諾をもらうようにと言われ、開業のチャンスを逃したのは前述したとおりです。

本来、障がい者であっても健常者であっても人権は平等です。しかも障がい者グループホームの制度自体、地域移行が前提にありますので、望む地域に住む自由はあるはずです。制度のあるべき姿と現場の実態には、まだまだギャップがあるといわざるを得ません。

そんな中でも、事業をスタートすると、地域の反応はだんだんと変わっていきました。それはサポ住としての実績を積んだことで、安心して任せられる事業所だとわかってもらえたことが大きいと思います。

机上の知識では伝わらない

人は誰でも、理解できないものに対しては怖さを感じるものです。いま思えば、事業を始めた頃の私には、「相手に伝える力」が足りなかったのだと思います。

例えば、幻聴のある人がどんなふうに生活を送るのか、精神疾患があり依存傾向にある人は、生活のどんなところに困って支援を必要としているのか、私には正しく理解できていませんでした。本を読み、知識としては知っていましたが、それは言葉で得ただけの知識であり、結局は地に足のついていない情報でしかありませんでした。それを話したところで、相手にはまったく伝わらないのです。

理解してもらえることで協力的に

ところが、サポ住をスタートさせて実績を積むと、相手に実体験を持って「私たちはこんなことをしている事業者です」と話すことができるようになりました。すると相手も安心して話を聞いてくれるのです。グループホーム事業への理解が広がって、実際にどんどん協力してもらえるようになりました。

大家さんの方から「こんな物件があるのだけれど」と一般公開される前の物件の情報をもらえるようになりました。また、建築会社からも「うちでグループホームを建てませんか」と提案をしてもらえるようになりました。「社会貢献になるのなら、障がい者向け住宅として使ってください」と無償で戸建てを譲り受けたこともあります。

さらには地域の住民の皆さんからも、「実は家の近所にもハンディキャップがあるお子さんがいる」「そういえばお父さんが亡くなったけれど、その子はいまどうしてるのだろう」というような話が出てくるようになりました。「説明しに来い」と言われていたさきのご本人から、利用者さんを紹介していただいたこともあります。

私が出会った地域の方々には、障がいのある人を拒絶するような気持ちはなく、むしろ逆に「協力したい」という思いが強いように感じました。理解していただくことさえできれば、外で利用者さんに会ったときに、声をかけて見守ってくださるような人たちなのです。

障がい者グループホーム事業を通して近隣の方、障がいのある方やそのご家族、行政の方など、様々な人と出会い、つながりを持ちました。多くの方には理解していただけて、いいお付き合いができていると思います。

4―② 障がい者が地域で暮らすことを、当たり前にするために

新たな拠点のオープンでは、低姿勢になりすぎない

私がつくりたい地域社会は、いろんな人が当たり前に暮らしていける社会です。精神疾患や障がいなどハンディキャップがあったとしても、当たり前に地域で暮らせる社会になればよいと思っています。

私はこの事業を始めたときから、障がい者がふつうの住宅地で暮らすことは当たり前のこととして、経営をしていこうと考えていました。いつも意識してきたのは、近隣の方々に対して妙に低姿勢になりすぎないということでした。特に新

しい拠点をオープンするときには、最初から普通の引越しと同じ感覚で挨拶をしようと考えて、あえてそうしてきました。地域には自然に入り込みたいと考えたからです。

胸を張ってご挨拶

挨拶をするときにも、「何かご迷惑になるようなことがあるかもしれませんが……」といったいい方は決してしませんでした。ハンディキャップのある人が地域で暮らしていること自体は何ら問題ではありません。なにか相手の生活に迷惑をかけるようなことが起きたらはじめて問題になるのであって、それは障がい者、健常者にかかわらず起こり得ることです。障がい者が引越してくることで近隣の人たちの生活に必ず問題が起きるわけではありません。あくまでも新しい人が地域に暮らし始めたというだけのことです。なので、こちらが妙に低姿勢になったり、お伺いを立てたりすることは一切しませんでした。

戸建て住宅であれば大きな家にたくさんの人が住むことになり、支援スタッフも入れ替わり立ち替わり出入りします。それを見れば「あれはなんだろう」と思われることもあるでしょう。しかし、あえてふつうの引越し挨拶と同じ感じで、「スタッフが出入りしますが、なにかあったら私に連絡をください」といってまわりました。

障がいについても、すべての病状や状態を丁寧に説明するということはあえてしませんでした。「こんなハンディキャップがある人がやってきます」というようなことをいうほど、「なにか問題を起こすのではないか」と不安を抱かせてしまう気がしますし、そもそも入居される一人ひとりが性格も違えば、病状も違うし、必要なサポートも違うからです。

ご迷惑をかけることを前提とした低姿勢から地域に入り込むのではなく、私たち事業者の責任として、しっかり運営する姿勢をお伝えすれば十分にご理解いただけると思っています。

また、スタッフにも誇りを持って、ごく自然に仕事をしてほしいと思っています。むしろ、社会の役に立つよい仕事をしているのだから、自信を持って仕事に入ってもらいたいと考えています。だから、スタッフには、ご近所の方々に対して特別なコミュニケーションを求めることはなく、外で会ったらご挨拶する、家の前を汚くしない、ゴミ捨てのルールは守るといった地域住民の一員として当たり前のことをしてくれるように伝えています。

ただ、利用者さんは生活することに不自由な面があるので、ご近所にかかわる部分はスタッフがしっかり見て、特に気をつけて支援をしてください、ということはお願いしています。

こうした「障がい者が地域で暮らすのは当たり前であること、そのために自分たち支援者がいる」という事業者としてのスタンスを近隣の人々に明確にお伝えすることが、自然なかたちで障がい者の暮らしを知っていただくポイントではないかと思っています。

トラブルには素早く対処

もちろん本当にこちらがご迷惑をかけてしまったときには、すぐに対処します。これもビジネス上のトラブル対応と同じ姿勢です。何かあれば素早いレスポンスと謝罪、そして自分たちでしっかりと対策を考えて、相手とコミュニケーションをとって対応策を示していくことがとても大事だと思っています。

とはいえ、近隣のトラブルやクレームに関しては、これまで本当に少ないです。一番大きな出来事として思い浮かぶのは、子どもに対して愛着がある男性の利用者さんのSさんのことくらいでしょうか。

Sさんは小学生の通学風景が大好きで、ずっと眺めているだけだったのですが、うっかり小学生の女の子に声をかけてしまったことがありました。

これにはPTAからクレームが入りました。私はすぐに小学校へ行って謝り、管理者もPTAの方のところへ謝りに行きました。そして社内に持ち帰って対応策を話し合いました。

障がいの特性から何かに対してこだわりを持っている人は多く、悪意はなくても度がすぎるほどのこだわりがあるとこうしたトラブルにつながってしまいがちです。ただ、トラブル自体は何か大がかりなことをしなくても、細かなことで対処できる場合がほとんどです。

このSさんの場合は、朝の食事時間に小学生の登校姿が見えたときには、玄関から飛び出して、子どもたちを眺めにいく衝動があったので、まず登校時間と重ならないように食事の時間をずらすことにしました。そして、どうしても登校する様子を見たくなったときには、2階の自分の部屋の窓から見てもらうようにして、もし外に出るときには支援スタッフも一緒に付き添うことにしました。

トラブルがあっても理解してもらえた

現場でそのように対処することを決めると、再びPTAや学校に行って、対応策について報告をしました。すると、先方も「わかりました。難しい問題かもしれないけれど頑張ってください」といっていただき、その後問題はありません。

他には、職場への送迎バスを待っているときに、利用者さんが吸っていたタバコを排水口に捨てていて、それが溜まって汚くなっていたことでクレームが入ったことがありました。この利用者さんには喫煙スペースでタバコを吸うようお願いし、大家さんにもその対応策をすぐに伝えることでこれも解決できました。

トラブルを通して感じたのは、事業者にすばやく対応するという姿勢があれば、地域の人に理解していただけるということ。そして地域の方々には障がい者を排除したいというような考えは微塵《みじん》もないのだということでした。

優しい気持ちの人はこの社会にたくさんいる

トラブルがあったとき、多くの場合はその要因となる症状や特性に対して事業者側がサポートの仕方を変えることで対処できます。

クレームが来たとしても、それは事業者が地域と寄り添おうとしない、その姿勢に対してなのではないかと感じています。地域の方は、事業者側の姿勢を見ながら、かかわっていける相手なのかどうか判断しているのだと思います。

しっかり対応していれば理解してもらえて、同じ地域で生活する人同士として受け入れられ、お付き合いしていただけます。さらに普段から近隣や学校とコミュニケーションをとっていれば、周りの方が自然にその人を守ってくれたり、支えてくれたりといった雰囲気になっていきます。

社会には、優しい気持ちを持っている方はたくさんいるのだと思います。困っている人がいれば、それを支えたい人、助けたい人、「何かできることがあればお手伝いしたい」と自然に思っている方は地域に普通にいらっしゃいます。それが普通の人の自然な心としてあるのだと思います。

障がい者グループホームをプラットフォームとして障がいに対する理解を広げ、地域の皆さんが障がい者にもっともっと優しくなれる。私はこの事業を通して、そんな社会に近づけることが、決して不可能ではないと実感しています。

4—③ 地域に支えられながら、地域の社会課題を解決する

シニアの力をお借りしながら、就労機会を増やす

気がつけば、障がい者グループホーム事業には、一つの障害福祉サービスという枠を超えて、地域の抱える社会課題を解決できるプロジェクトとしての可能性があるのではと考えるようになりました。

例えば、サポ住には茨城県内に10数か所の拠点がありますが、新しい拠点をオープンするたびに、その周辺地域に住んでいるシニアの方を中心に支援スタッフの募集をしてきました。シニアの皆さんが参加しやすいように、短時間の非常勤パー

トとしての採用を行ってきましたので、地域のシニアの方の就労機会を実質的にかなり増やすことにつながっているのではないかと思っています。

日本では世界に先駆けて少子高齢化が進み、人生100年時代ともいわれています。生き生きとシニア層が働ける環境をもっと整えようと社会の風向きも変わってきています。

シニアの方自身も、定年後も社会参加をすることでやりがいのある生活をしたい、あるいは健康維持のために働き続けたい、人のお役に立ちたい、また年金で不足する分の収入を多少なりとも得たいと思う方も増えています。

シニアの方々にとって働く場があるということは、社会と関わり続けられるということです。退職して家にこもっていると社会との関わりが減り、孤立しかねません。外出する機会が減れば体も頭の働きも急速に衰えていくことでしょう。

子育てや仕事などでシニアの方々がこれまで培ってきた豊かな人生経験を支援

の現場で生かすことは、利用者さんにも様々な面で良い刺激となっています。また、単に労働力を提供するだけでなく、ミーティングの場で意見を交換して、改善を積み重ね、働きながら成長を実感できる仕事です。それらはシニアの方にも大きなやりがい、生きがいとなっていると思います。

空き家を提供していただき、生活環境を活性化する

さらにもう一つ、障がい者グループホーム事業には、地域の空き家問題を解決できる可能性もあるのではと考えています。

地方の抱える空き家問題は深刻です。2018年の総務省調査によれば、全国の空き家数は約849万戸とされています。これは全住宅の7戸に1戸にあたる割合です。

私が事業を行っている茨城県内も例外ではなく、空き家がたくさんあります。特に鉄道の駅から遠いエリアは過疎化が進み、賃料を安くしても、中古の賃貸物

件は入居者が集まりません。

私が出会ったオーナーさんの例では、何十年も前に、建設会社から畑を潰してアパート運営をしませんかと提案され、大きなアパートを建てた方もいらっしゃいました。しかし、ファミリータイプならともかく、一人暮らし用の1Kアパートは大学や大きな工場が近くになければ、若い人が住む可能性は小さく、ほぼ需要はありません。


ほかにも空き家を持てあまして困っているというオーナーさんがたくさんいらっしゃいました。空き家でも固定資産税は払い続けなければいけません。取り壊すにしても莫大なお金がかかります。

空き家で放置されると、建物の劣化が急速に進みます。またそれだけでなく、空き家の存在は周辺の生活環境を劣化させ、地域の人にとっては重大問題です。不審者の出入りや野生動物が棲みつく可能性、粗大ゴミや産業廃棄物の不法投棄の温床となることもあります。

オーナーさんが高齢になっていく中で、これからどうするかと悩んでいる方がたくさんいらっしゃいます。実際にそういった悩みを抱えたオーナーさんの依頼を受けて、空き家となっていたアパートをリフォームしてグループホームとして活用しているところもあります。

人が住めば、空き家はよみがえります。特に一人暮らし用の1Kアパート型のグループホームへの入居を望んでいる利用者さんはたくさんいます。

空き家を活用したグループホーム事業を行うことで、地域の生活環境や景観の改善、保安上の問題の解消など、地域の活性化につながる意義は決して小さくないと考えています。

COLUMN 6

スタッフもすごいけれど、利用者さんはもっとすごい！

サポ住には、重い知的障がいがあり、こだわりが強く、対応するのは非常に難しいといわれていた方がいまも暮らしています。実家に住んでいた方なので、グループホームでの生活のルーティーンをつくるまでが大変でした。

その方が通う就労支援事業所への、お迎えの車の時間でなくても玄関の前に出て待っている。しかも、必要のないカバンを3個も4個も持って出かけるなど、コミュニケーションをとるのが難しい部分があったのです。

ところが、半年くらいで徐々にサポ住での生活にも慣れ、就労支援事業所では「笑顔が増えた」、「人に挨拶をする人じゃなかったのに、挨拶をしてくれる」といわれるようになりました。

支援にあたるスタッフは、粘り強く対話を繰り返しました。例えば挨拶でも、目を見て、できるようになるまでなんども根気よく伝え、できたら一緒に喜んで褒める。そのうちに徐々に生活が安定するようになっていきました。

対応した現場のスタッフはすごいと思います。ちなみに管理者にいわせれば、このような変化に対応できる「利用者さんもすごい」ということになるのだそうです。

私はこの意見に大いに共感しています。利用者さんには、対応する力、順応する力が備わっています。スタッフもすごいけれど、利用者さんはもっとすごい。つまり、人間はすごいのです。

4-④ 社会復帰を支える受け皿になることも

社会貢献としての新たなチャレンジ

この本の執筆に取りかかってしばらくした頃、サポ住は法務省の社会復帰調整官からの依頼で新たな利用者のMさんを受け入れることになりました。Mさんは医療観察制度によって入院生活を送っていた方で、稀なケースではありますが、誰もが当たり前に暮らせる社会をつくるための新たなチャレンジとして、ご紹介したいと思います。

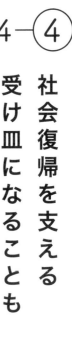

Mさんは心神耗弱のため、法に触れた人が入る病院に何年かいた方でした。社会復帰をしたいのだけれど家庭の事情から実家に戻ることはできませんでした。いきなり一人暮らしをさせるのは不安だという社会復帰調整官の意見があり、退院してからの生活の場として、支援を受けながら生活ができる障がい者グループホームが選択肢としてあがったのです。

Mさんには一人暮らしの希望があり、サポ住にちょうど希望にかなう一人暮らし型のアパートに空室があったことから、社会復帰調整官は私たちにコンタクトを取ったようです。

ちなみに、Mさんを受け入れることは、「地域生活移行個別支援(※1)」という制度にもとづくものです。法を犯したことがあると聞くと誰もが「怖い」という思いに駆られるかと思います。もちろん私にも話を受けたときには正直どうしようかと迷いがありました。

しかし、実際にMさんにお会いすると、コミュニケーションがちゃんと取れる方でした。Mさんの場合は、幼少期の家庭環境から精神的に不安定になり問題行動に出たという背景がわかりました。いまは症状が安定しています。体験入居の様子からも大丈夫だと判断し、管理者である妻とも相談して受け入れを決めました。

経験を積んできたからこそ

受け入れにあたっては、社会復帰調整官の方と一緒に半年以上かけて準備をしました。制度上は社会福祉士・精神保健福祉士・公認心理師の有資格者を新たに置く必要もあったのですが、資格を保有した方が常勤で働いてくれることが決まっていたタイミングでもあったのでその条件はクリアすることができました。さらに、社内でも受け入れにあたってどういう個別サポートであれば生活が可能なのか検討を重ね、現場の体制を整えていきました。

Mさんはすでに、体験入居としてサポ住を何度か利用してもらっています。実際に入居をしてから、本当にここで生活をしていけるのか、生活をするうえで気をつけなければいけない点、日中の活動としてはデイケアに行く予定になっているので、デイケアに行きたくないときにはどうするかといった細かなすり合わせをご本人とも何度も重ねました。

現在は本入居が始まり、社会復帰調整官の方と連絡を取り合い、生活を見守りながら支援をしています。

もしも法務省から話をいただいたのが創業まもなくの時期だったら、到底受け入れは無理だったと思います。やはり経験を積み、現場の支援力を高めることができたから踏み切ることができたチャレンジです。

これまでも幻聴が聞こえる方、依存が強い方など、いろいろな方々を受け入れてきましたが、全員、お会いするとふつうに話せばわかる人ばかりでした。最初は難しいと思った人でも根気強くコミュニケーションをとっていれば、だんだんと生活に慣れていきます。こうした経験が、今回のようなケースにおいても支える自信につながったと思います。

今回のチャレンジは、これこそ社会貢献だと思っています。なかなか受け入れる先が見つからないなか、それでもどこかで誰かが受け入れ、支えていく必要がありました。サポ住で培った支援力で、Mさんが地域移行できて暮らせるようになれば、この経験は現場にも大きなプラスになるだろうと考えています。今回の経験を、これからの財産につなげたいとも思っています。

（※1）精神障がいがあるために通常の刑事責任を問えない状態で他害行為を行った人に対して「医療観察法」が制定されている。地域生活移行個別支援は、この法律にもとづいて、通院決定を受けてから3年以内の人、あるいは矯正施設や更生保護施設を退所して3年以内の人が対象となる

4—⑤ 地域に気づきの連鎖を起こす

まだスタンダードがない障害福祉サービス

障害福祉サービスを取り巻く法律や制度は、まだまだ未整備なところが多く、障がい者グループホームについても、いわゆる「スタンダード」が確立できていない状況です。前述したように、行政の法律の解釈にしても市町村ごとに変わり、こちらの市に申請するとOKだけれど、あちらの市ではNGだったというのもよくある話です。

行政の担当の方がグループホームの運営のチェックをしにくる機会もあります

が、「このオペレーションは、なぜこうなっているのですか？」と聞かれて、「私たちは制度をこう解釈して、このような運用にしました」と説明すると「なるほど、確かにそうですね」と、そんな問答をすることもよくあります。

ローカルルールが多く、解釈次第でOKになったりNGになったりする世界は、ちょっと怖いなと思うこともあります。だからこそ、誰に対してもしっかり説明のつく運営をしなければいけないと肝に銘じています。

障がい福祉事業はいま、発展に必要な過渡期なのだと思います。介護福祉事業も最初は正解がないなか、法律や制度が先行してつくられ、施設や現場の運営についてては手探りだったと聞いています。そうしたなかで、ケアマネさんの存在がだんだんと世の中に認知され、人材が育って業界のサービスが拡充、定着してきた歴史があり、障がい福祉はそのあとを追っているような状況です。

ぶつ切りの支援を変えていきたい

残念ながら、現状は支援の流れがぶつ切りとなっていて、障害福祉サービスを使いたい人にとって十分な体制であるとは言えません。障がいのある方を支えるための組織として、就労支援事業所、障がい者グループホーム、相談支援事業所、生活介護、入所施設、医療機関、訪問看護ステーション、行政などがありますが、現状はそれぞれがそれぞれの仕事をしていて、連携が取れているようで、取れていません。横につながるところにまで追いついていないのです。これをどうしたら変えられるでしょうか。障がい者グループホームの事業者としてできることは、相談支援専門員さんに協力をすることも一つだと思っています。

相談支援専門員さんは忙しすぎるという問題があります。本来なら介護業界のケアマネジャーさんのように、一人ひとりと向き合って、より適した福祉サービスのコンサルティングをするのが理想であると思います。

現実にはそれができる量をはるかに超える相談が入ってきています。私が知る限りでは、相談支援専門員はまだ数が少ないため、ケアマネさんの倍くらいのケースを担当している印象です。

しかし、その相談支援専門員さんの手続きがなければ、利用者さんがグループホームを利用することはできません。そうなったとき、緊急のケースや家庭が崩壊寸前になっているといった切羽詰まった課題を抱える人など、目の前の問題に対処することのみに追われ、他にもグループホームを必要としている人に提案が行き渡らない状況が生まれます。もちろん、この状況は相談支援専門員さんも望むものではなく、日々の仕事に大きなジレンマを抱えていらっしゃるだろうと思います。

私たちが相談支援専門員さんとつながっていない障がい者の方と出会うこともあります。サポ住のホームページには空室情報を載せているため、ご本人やご家族から、利用したいと直接相談をいただくことがあり、そのなかには障害福祉サービスとのつながりを持たずに暮らしてきた方もいます。その場合は、相談支援専門員さんにつないだり、行政への利用申請のお手伝いをしたりと、できるだけの

サポートを行っています。

国は「障がい者グループホーム」という制度をつくりました。そして「精神障害にも対応した地域包括ケアシステムの構築」という構想を描きました。しかし、障がい福祉に関しては、まだ実効性のあるグランドデザインができていません。それを動かすのは私たち障がい福祉事業者に託されています。障がいのある人もない人も高齢者も若い人も、あらゆる人が同じ地域の中で一緒に助け合いながら生きていくという意味で、ノーマライゼーションやインクルーシブといった言葉が聞かれるようになりました。私たち事業者の役割は、それを単なることばで終わらせないことだと思っています。それをどう形にするのか、これからの事業を通して私なりの答えを提示したいと思っています。

いま、私たちと同じような思いを持って仕事をしている事業者が全国にいると思います。この社会での気づきの連鎖——まわりには支援を必要とする人がいること、地域に困っている人がいれば助けたいと思っている人がいること、一人ひとりの特性を受け入れ尊重しながら必要なサポートをする障がい者グループホーム事業者があること、それを支える国の福祉サービスが存在していること。一つ気づくことで気づきの連鎖が起きるはずです。いまはもう少しでそれが噴き出す、その前夜のような感じを受けています。もっともっと連携を深め、この連鎖を起こすことができれば、社会は誰にとっても生きやすいものになるはずだと信じています。

グループホーム選びのポイント

◇支援力のある事業者を見抜くには？

障がい者グループホームは基本的にどこも見学を受け入れています。見学の際には、責任者と話して、そのグループホームがただの「部屋貸し」になっていないか、支援がちゃんとあるのか見極めることが大切です。よい事業者かどうかを判断するためのポイントをお伝えしますので、ぜひ、グループホーム選びの参考になさってください。

●共有スペースに個別支援の「痕跡」があるか

共有スペースはスタッフが仕事をしている雰囲気が見える部分です。リビングルームで、記録簿や支援スタッフのルーティンチェック表、壁の張り紙、スタッフの申し送りノートといった「個別支援の痕跡」があるかどうかをチェックしましょう。それらには、支援の現場としてちゃんと機能しているのかどうかが表れています。見比べていけば、そこから現場のスタッフの働きが見えてくるかと思います。

●「ハード面」に惑わされないよう注意

窓が大きくて明るい、外観がしっかりしている、部屋がきれいといった「ハード面」に目が向きがちです。しかしノウハウを持っていない新規参入の事業者ほどハード面で勝負をしますから、よいものをつくるはずです。現場の支援スタッフを育成するのは時間がかかりますが、ハード面はコストをかければ、いくらでも見かけのよいものをすぐにつくれるからです。

また、立地など、親御さんの通いやすさを基準に判断されることもあると思いますが、あくまで利用者さん本人の目線で見てあげてください。

人の支援が機能していなければ、いくらきれいな部屋でも、立地がよくても、生活が維持できなくなってしまいます。ハード面よりもソフト面が充実しているかどうかがとても大事なのです。

ソフト面でも、いきすぎた管理がないか、入居後に生活の自由が失われないかということにも注意した方がよいでしょう。

●生活の課題を相談してみる

見学のときや面談の機会があれば、いま、生活するなかでの心配ごとと希望する暮らしについて責任者に相談してみてください。どんな回答が返ってくるかで支援力を見極めることができます。すぐに答えが返ってこなければ経験が少なく支援力を持ち合わせていない可能性がありますし、具体的な回答が返ってくれば、これまでの支援経験をうかがい知ることができます。また、「持ち帰ってどういう支援ができるか考えてみます」という返答であれば、後日のフィードバックの内容で支援に対する姿勢を見ることができます。一緒に生活の心配ごとを解決しようとする姿勢があるかどうかが、よい事業者を見極めるポイントです。

おわりに

障がいのある人がどのように暮らしていて、何に困っているのか。それは当事者以外にはまだまだ見えにくい。それがいまの世の中だと思います。

私自身、この国に障害福祉サービスという制度があり、障害福祉課がどこの市役所にもあるのだということを、この仕事を始めるまでは、恥ずかしながら、まったく知りませんでした。けれど、事業を始めてからは身の周りを見渡せば、地域のあちこちに当事者の方々がいることに気がつくようになりました。そして、地域の人々にも障がい者の存在を知ってもらうことさえできれば、偏見の目で見られることは少なく、むしろ、手を差し伸べてくれる方が多いと思うようにもなりました。
いまは、障がい者の存在を知らせるためには、障がい者はどのような人で、どのような生活をしているのかを当事者側から発信することが一番重要だと思っています。そのためには、私たち事業者がもっと動かなければなりません。ベールに包まれたような場所に留まるのではなく、事業者から地域に入り込んで伝えていくというアクションが必要なのだと考えています。

立ち上げた事業は当初思い描いていたのとは全く違うスピードで、予想もしなかった展開となっています。例えば、創業時は想定していなかった重度の障がいがある利用者さんを支援することができるようになりました。これは、偶然、同じ拠点に重度の知的障がいを持つ利用者さんや重い統合失調症を抱える利用者さんが集まったことがきっかけとなったのですが、24時間体制でスタッフが支援にあたる日中活動が難しい利用者さんに向けたグループホーム事業の許認可も受けました。

今後は、就労支援事業所の運営も視野に入れています。いままで利用者さんの生活に向き合ってきたサポ住での経験を生かし、単なる作業員としての労働力（生産性）の視点ではなく、障がい者自身が「働く楽しさ」や「やりがい」を人とのかかわりのなかで感じられる職場をつくりたいと思います。例えば、お食事づくりの仕事ができる人が増えれば、もしかすると自分たちの仕事で、サポ住の食卓を100％手作りの配食に代えることができるかもしれません。あるいは、清掃の仕事ができる人が増えれば、自分たちの暮らしている家を自分たちでメンテナンスする循環をつくることだってできるかもしれません。

その先には、地域の公園や駅前などの清掃の依頼を受けて、町のなかをきれいにするといった施設外就労も視野に入ってくるでしょう。地域社会への還元にもなり、地域の人の理解を深めるアクションとして、交流のうねりみたいなものをつくれるのではないかとも思っています。

地域で障がい者の仕事と住まいの循環を生みだし、自らの頑張りで自分たちの暮らしの品質を上げていけるという体感が得られれば、障がい者自身の生活に目標が生まれ、人生の希望も増やせることでしょう。そして、障がいのある人がより生きやすくなるよう地域の支援者を増やしていくことで、多くの雇用が生まれ地域経済を活性化することだって可能かもしれません。

私は、障がいのあるなしにかかわらず、相互に支え合う社会の一つの見本をつくれればよいと思っています。そこに向かうために、障がいのある人もない人も一緒に目指せるビジョンをつくりたいと思っています。それができたら、障がいのある人とない人が一緒に同じ地域で当たり前に暮らしている未来へと、また一歩近づくことができるのではと期待しています。

障がい者グループホーム事業を始めたことで、たくさんの人と出会うことができました。特に、多くの利用者さんからは人としていちばん大切なことを教えていただきました。実現したい社会に向かって、経営者として、まだまだ惜しみなく努力ができます。事業を始めた頃には思いもしなかった景色が広がっていますが、この仕事は私の天職であったと思っています。

本を書くことも初めてのチャレンジでしたが、本書を読んでくださった皆様の将来への不安が一つでも解消されれば、こんなに嬉しいことはありません。

最後になりましたが、一緒にこの事業を立ち上げた同志である妻の真美、確たるものが何も無かった会社にもかかわらず茨城県に引越しまでして現場を手伝ってくれた母ちゃん、お義父さん、お義母さん。ここにくるまで心を一つにして会社を推進してくれた柳澤さん、高橋さん、濵田さん、青野さん、堀さん、峠さん、そして日々、利用者さん一人ひとりの障がいと向き合い、障がいについて意欲的に学び、利用者さんの生活支援を行っている100人以上のキノッピの家のスタッフの皆さん。そして「障がいがあっても　住まいを選べる　世の中をつくる」という理念に共感し、全国で利用者さんとご家族のために、グループホームの支援力向上に努力し続けている第1期から第3期までのサロンメンバーの皆さん、私の活動を世の中に押し出そうと力を合わせて応援いただいているサポーター企業の皆様。これまで私にかかわってくださったすべての人に、心より感謝いたします。

〔著者紹介〕
紀　林（きの はやし）

1976年生まれ　沖縄県出身　会社勤めの傍ら、2018年にKINOPPI株式会社を設立。"障がいがあっても　住まいを選べる　世の中をつくる"という理念のもと、障がい福祉未経験ながら、茨城県牛久市に最初の障がい者グループホームを開業する。

後の障がい者家族会との出会いをきっかけに、従来のグループホームの食事と寝床の確保、家事支援だけという事業モデルでは充分ではなく、障がい者それぞれの望む暮らしの選択肢を広げ、また、いちばんの支援者である家族の生活に深く内包された「8050問題」や「親亡きあと」の解決にも配慮した、包括的な支援体制の必要性に気づく。

障がい者家族と一緒に、地域全体で障がい者の生活を支えていけるしくみづくりに向け、グループホームをプラットフォームとした地域住民の福祉参加の促進に注力する。また、「個別サポート付き障がい者向け住宅（サポ住®）」という「障がい者の地域生活移行モデル」の普及に努めることで、高齢者の社会参加（就労）の機会創出や、空き家となっている既存住宅のリサイクルなど、様々な地域活性化の効果を提唱し、全国で新たに障がい者を支える役割を担う社会起業家・事業者の育成にも積極的に取り組んでいる。

KINOPPI株式会社ホームページ
https://kinoppi.co.jp
障がい者グループホーム経営サロンホームページ
https://kinoppi-salon.com/

「8050問題」「親亡きあと」その解決のために
個別サポート付き障がい者向け住宅という選択

2023年9月1日　初版第1刷発行

著　者　紀　林

発行人　海野雅子

発　行　サンルクス株式会社
〒136-0076　東京都江東区南砂1-20-1-403
電話 03-6326-8946

発　売　サンクチュアリ出版
〒113-0023　東京都文京区向丘2-14-9
電話 03-5834-2507

印　刷　株式会社 シナノ

イラスト　鈴木あり

ISBN978-4-8014-8353-8 C0036 ¥1700E